KB268436

이종린 원장의 생활 속 깨달음 이야기

세간 속에서 해탈 이루리

불광출판부

머리말

저는 부족한 것이 많은 평범한 재가불자(在家佛子)입니다. 단지 부처님을 만나게 된 후로 그저 부처님이 좋아 늘 부처님 곁에 있고 싶고, 늘 부처님만 그리며 하루 하루를 살고 싶은 마음이나 현실은 그렇지 못해 지금 힘겹게 노력 중입니다.

불법은 세간에 있고 세간을 떠난 깨달음은 있을 수 없으며, 부처님은 중생을 위해 법을 설하시지 부처를 위해 설하시지는 않는다고 했는데 그 동안 저는 너무 엉뚱한 곳에서 부처님을 찾았던 것 같습니다. 모두 어리고 어리석은 탓이겠지요….

길을 가다가도 문득 들려 오는 부처님의 속삭임, 달 밝은 밤 하늘 바라볼 때 한 번씩 바람결에 들려오던 부처님의 노래를, 제 딴에는 모은다고 한 것이 이렇게 글이 된 것 같습니다.

별로 재주도 없는 사람이 이렇게 글을 책으로 내게 되니 부끄러움이 앞섭니다. 다만 한 가지 바람이 있다면, 이 글들이 삶이 힘들고 지칠 때 조금이라도 위로가 되고 위안이 되었으면 하는 것입니다. 세월은 덧없어 잠깐만 방심해도 인생은 어느덧 가고 마는 것! 닦지 않으면 내일도 오늘과 똑같은 날이 전개되리니, 이 인연으로 무상한 세월 앞에 우리 모두 큰 보리심 발하게 되었으면 참 좋겠습니다….

끝으로 어려운 사정에도 불구하고 기꺼이 책을 발간해 주신 불광 출판부에 감사 드리며, 다함없는 정진 부처님께 올릴 것을, 삼세의 모든 불보살님 전에 다짐하며 글을 맺습니다.

나무마하반야바라밀

불기 2545 10월 이 종린 합장

차 례

제2장 끝 없는 중생공양

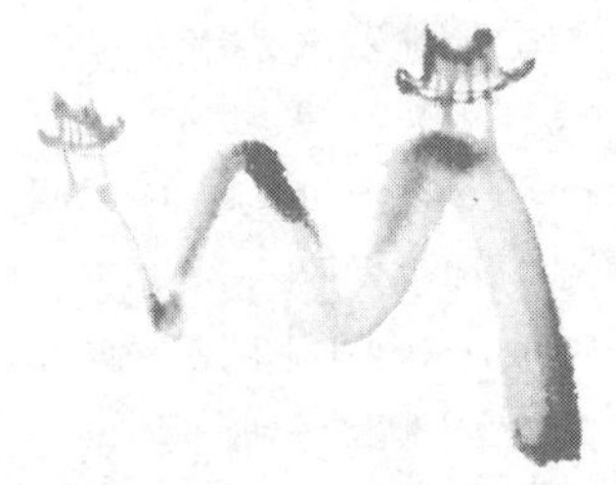

제3장 곳곳에 오시는 부처님

제4장 그리운 부처님

제1장

우리는 모두 작은 부처님

나를 비추는 거울
원래 그런 것
서원
우리는 모두 작은 부처님
시장 구경
인생 60년
본래 모습으로 돌아가기
인생이 이렇게 덧없는 것을…
생로병사는 성장의 과정
화마가 스쳐간 산하에도 꽃은 다시 핀다
함부로 남을 돕지 마라
세간에서 어떤 자가 제일가는 부자인가?
세간 속에서 해탈 이루리

나를 비추는 거울

어떤 사람을 알려고 하면 그 친구를 보라는 옛 말이 있습니다. 이와 같이 내가 훌륭한 사람인지, 내가 올바른 삶을 살아가고 있는지를 아는 방법은 아주 간단합니다. 주위 사람을 보면 됩니다.

내 주위 사람이 나를 보면 기뻐하고 반가워하면, 내 삶이 그렇게 잘못된 것은 아닙니다. 그러나 내가 나타나면 어려워하고 슬며시 피하려 들기만 한다면 내 생활에 무언가 문제가 있는 것입니다.

내 주위가 깨끗하고 늘 밝은 기운이 넘친다면 그것은 내 공부가 잘 되고 있고 내 삶이 크게 그릇되지는 않았다는 말입니다. 그 반면 내 주위가 무언가 어지럽고 소란스러우며 어두운 기운이 가시지 않는다면 아무리 내가 가진 게 많고 호평을 받는다 하더라도 무언가 잘못 하고 있는 것입니다.

중생은 나(我)의 거울입니다. 중생을 보면 내가 보입니다. 나의 마음, 나의 생활, 나의 모습은 일체가 중생에게 투영되어 나타납니다. 나를 보고 비난하시는 분을 만나더라도 그 분을 탓하는 마음을 내지 맙시다. 그 대신 나의 무언가가 그 분 마음에 들지 않아서이니, 그런 분을 만나면 같이 비난하고 싫어할 게 아니라, '아, 내가 무언가 문제가 있는 모양이구나! 어서 찾아서 고쳐야겠다' 는 마음을 얼른 낼 일입니다.

만 사람이 나를 칭찬하더라도 나머지 한 사람이 나를 비난한다면 아직은 나의 원과 행이 부족한 것입니다. 무언가 내가 하는 짓거리가 마음에 들지 않기 때문에 그러한 것이며 아직 나의 행이 원만하지 못한 탓에 그런 분을 만나면 나의 한계가 드러나는 것입니다. 내가 아직 더 닦아야 하므로 그런 경계를 만난 것에 불과합니다. 그러므로 내가 할 일은 섭섭해할 것이 아니라 얼른 나 자신을 돌아보아야 합니다. 그리하여 그 한 분마저도 설득할 수 있을 정도가 되어야 인연 다한 후 부처님을 만나 뵙더라도 조금은 덜 부끄러울 것입니다. 호랑이 옆에 토끼가 오지 않는 것이 어찌 토끼의 잘못이겠습니까?

우리 모두 내 주위의 모습에서 나의 모습을 찾아 더욱 더 바른 정진으로 나아 갈 일입니다.

원래 그런 것

우리는 살아 가다가 참 많은 분들에게 실망합니다. 겉으로는 그럴 듯하신 분들이 의외의 곳에서 맑지 못한 모습을 보이는 일들이 너무 많은 것이지요. 우리는 그럴 때마다 한숨을 쉬고 실망하기 쉽습니다만, 사실은 그럴 필요가 전혀 없는 것입니다.

중생은 무척 완전한 것같이 보이지만, 본래 그렇게 모자란 곳이 많은 존재인 것입니다. 그런데도 우리는 저 분은 안 그럴 것이다. 저 분은 다른 분과 다를 것이다라는 고정관념을 미리 앞세워 그렇게 착각하고 지낸 것은 아닐까요?

중생은 모두 서글픈 존재입니다. 본래 맑았던 불성을 언제부터인가 잊어버리고, 끝없는 윤회의 길을 떠나 고달픈 삶을 살아가고 있는 것이 현재 우리의 모습인 것입니다. 중생은 그렇게 강한 존재도 그렇게 약한 존재도 아닙니다. 다만 본래 성품을 망각하였으므로 그냥 인연의 바람에 너무나 쉽게 휩쓸리는 것뿐입니다.

얼마 전에 지하철 안에서 자리를 양보하지 않는다고 야단치는 할아버지를 계단에서 밀어 넘어트려 돌아가시게 한 중학생이 있었습니다. 언론에서는 이 중학생을 패륜아 비슷하게 매도하였으나, 저는 반드시 그 학생이 그렇게 나쁘기만한 학생은 아니었으리라 생각합니다. 그 학생이 설사 조금 무례한 면이 있었다 하더라도 노인을 폭행해도 아무 양심의 가책을 느끼지 못할 정도의 청소년은 아니었을 것입니다. 단지 자리를 양보하는 과정에서 그릇된 분노가 일어나지 않았을까요?

기사에 의하면 그 학생에게 할아버지께서 야단을 격렬하게 치셨다는데, 아마 이것이 화근이 되었는지 모릅니다. 이로 인해 그렇지 않았으면 착할 수도 있었을 그 학생을, 우리가 대접을 잘못해 노인을 죽인 패륜아로 만든 것은 아닌가 합니다.

중생은 모든 것을 함유하고 있습니다. 착하기는 부처님보다 더 착할 수가 있지만, 똑같은 이도 악하기는 도적보다 더 악해질 수 있는 것이 우리 중생입니다. 만약 착한 줄만 알았던 어떤 분의 악한 모습을 보고 '사람이 저럴 수가…' 하며 기겁을 한다면, 그것은 저 분이 저럴 수도 있다는 것을 모르고 산 우리의 무지를 탓할 일입니다. 인간은 능히 그럴 수가 있는 것이니까요.

우리는 중생의 어떤 모습에도 실망하거나 원망할 필요는 전혀 없습니다. 잘할 수도 있고 못할 수도 있는 것이 중생이며, 착할 수도 있고 악할 수도 있는 것이 중생입니다. 언제나 착하고 언제나 잘한다면 그게 어디 성불하신 분이지 중생이겠습니까!

그렇다면 우리가 할 일은 실망하고 분노하는 일이 아닙니다. 그 대신 그 분들이 옳은 방향으로 삶을 살아가도록 이끌어 드리는 일입니다. 예컨대, 제 아무리 훌륭하고 선한 분이라도 한계를 넘은 모욕 앞에는 분노하는 마음을 금하기가 어렵지 않습니까?.

올바른 환경에서는 옳은 일이 나오고, 그른 환경에서는 그른 일이 나옵니다. 저 분은 착한 이도 되고 나쁜 이도 될 수 있는데, 하필이면 악인이 되게 하겠습니까? 모두 잘 모시고 잘 이끌어 저 분이 우리에게 도움이 되고 스스로에게도 이익이 되는 삶을 살게 해 드릴 일입니다.

중생의 모습에 우리는 실망하지 맙시다. 모진 인연 만나 못난 모습 보인 우리 이웃에 넉넉한 마음으로 못난 점 모두 덮어 드리고, 우리는 추호의 흔들림 없이 부처님 정법의 길을 같이 걸어갑시다.

서원

경전을 읽다 보면 부처님 말씀을 들은 많은 분들이, 환희에 겨워 이제까지의 바르지 못한 견해를 모두 버리고 '부처님 말씀대로 살아가겠다'는 맹세를 부처님께 하는 것을 볼 수 있습니다.

그런데 이런 맹세를 들으신 부처님께서는 한 번도 그냥 듣지 않으시고 '잘했다'고 칭찬하시고 '너는 반드시 지금 네 맹세대로 살아 갈 것이다', 또는 '지금 그 서원*이 꼭 이루어 질 것이다' 라는 격려를 빼놓지 않고 일일이 해 주십니다. 이런 격려를 받은 분들이 더 큰 희열에 잠길 것은 물론입니다.

우리는 흔히 남들이 무슨 다짐을 하면 참 무시를 잘합니다. 누가 자신의 잘못을 인정하고 '이제는 그렇게 살지 않겠다', '이제는 그런 일 하지 않겠다' 하면 격려하기보다

서원 | 하고자 하는 일, 참된 소망(願)을 부처님께 맹세하고 이루어지기를 비는 일

는 비웃기 쉽습니다. 그저 빈 말이려니 하고 무시하고, 네가 과연 그럴 수 있을까 하고 비웃습니다.

물론 그럴 만한 충분한 이유가 있습니다. 그 동안 그 분들이 너무 자신들의 다짐을 쉽게 깨어 버린 탓으로 남들이 믿지 않는 것도 어쩌면 당연할 것입니다. 그러나 부처님은 그러지 않으셨습니다. 모든 분들의 맹세를 모두 믿어 주시고 격려해 주셨습니다. 그것은 무슨 연유에서일까요?

경에 나오는 그 숱한 분들이 과연 부처님 말씀 한 마디에 깨치시고 모든 것을 이루셨다면, 찬타카*가 부처님 열반 때까지 싸우기 좋아하였거나 부처님 열반 후에는 자기를 간섭하는 늙은이가 잘 갔다고 좋아하는 비구 역시 나오지 않았을 것입니다. 부처님 앞에서 '이러이러하겠습니다' 하는 맹세가 그 한 번으로 모든 것이 이루어졌다면 중생계가 지금까지 이리 혼탁하지도 않을 것입니다. 예나 지금이나 중생의 마음은 크게 다르지 않습니다. 아마 부처님 앞에서 맹세하던 그 분들이 그 즉시 자기 맹세대로 살아가는 것이 쉽지는 않았을 것입니다.

부처님은 이런 사실을 알고 계셨으리라 봅니다. 그렇지만 그런 분들에게조차도 부처님은 그 분의 다짐을 일단

찬타카 | 부처님의 제자로 부처님이 출가 할 때 말을 이끌었던 마부

인정을 해 주셨습니다. 비록 이 분이 다시 자신의 약속을 깨뜨릴지언정 그 분 앞에서는 그 분의 맹세를 높이 평가해 주신 것입니다. 그것은 설혹 내일이면 깨어질 맹세더라도 한 것과 안 한 것은 천양지차이기 때문입니다.

비록 내일 깨어지더라도, 그런 맹세를 하고 또 하다 보면 어느새 자신도 모르게 그 맹세에 훈습되게 됩니다. 죄송한 마음도 들게 됩니다. 그런 일이 반복되다 보면 어느 순간부터 자기도 모르게 그 맹세를 지키게 되는 것입니다. 그것이 서원의 공덕입니다. 이런 연유로 화엄경에도 "보살은 서원으로 깨달음에 이른다."라고 말씀하시는 것입니다.

그러나 이런 약속조차 한 번도 안 해 보신 분들은 그런 기회조차 갖지를 못합니다. 이런 까닭으로 중생의 서원은 비록 지켜지지 못할 것이라 하더라도, 높이 평가하고 찬탄하고 칭찬해 주어야 하는 것입니다.

중생의 다짐을 우리는 믿어야 합니다. 믿고 격려를 해 드려야 합니다. 거짓이 될지라도 보리심*을 발하기는 참으로 어려운 일이 아닐 수 없습니다. 그러므로 비록 그 말이 작심삼일로 끝날지라도 비록 지키지 못한다 하더라도,

---

보리심(菩提心) | 깨달음을 얻고자 하는 마음. 보리심을 발하는 것을 발심(發心)이라고 함

우리는 몇 번이고 그 분의 다짐을 믿어 드려야 합니다. 그렇게 하는 중에 언젠가는 진정한 보리심을 내는 날이 반드시 오는 것입니다.

당장 지금, 우리 아이, 우리 남편, 아내가 '앞으로 이러이러하겠습니다!' 라고 하면 우리는 믿어 드립시다. 참 좋은 생각이다, 하고 인정하고 칭찬해 드립시다. 서원 속에 중생은 성장하고 서원 속에 중생은 보리*를 이루는 것이니, 아무리 작은 중생의 보잘것 없는 맹세라도, 우리는 무시하지 맙시다. 그리하여 서원과 찬탄이 반복되는 어느 날, 중생의 갈등, 번뇌는 모두 사라지고 연화장 세계는 불현듯 우리 앞에 현현하게 될 것입니다.

새해에는 우리 모든 불자님들이, 아무리 작은 중생의 보잘것 없는 서원이라도 넉넉한 마음으로 믿고 격려 해 주시기를, 함박눈이 이리도 곱게 쌓이는 새해 첫 날, 작은 정성 삼세의 모든 부처님 전에 공양 올려 봅니다.

보리 | '깨달음' 을 이르는 말

우리는 모두 작은 부처님

우리는 모두 작은 부처님입니다. 더 많은 공양*과 찬탄을 서로에게 받고 더 많은 축복과 사랑을 서로에게 주어, 어서어서 성숙하고 성장하여 미래에 온 법계*를 환하게 밝힐 크신 부처님 되실 분들입니다. 그런데도 우리는 우리 모두가 이미 아득한 겁 이전에 성불을 이룬 작은 부처님인 줄 모르고 꿈처럼 어둠 속을 헤매어 왔습니다.

불교에서 말하는 깨달음의 내용이 무엇인지 무척 궁금해하던 기억이 납니다. 그런데 깨달음을 이루시고 난 직후 부처님께서 하신 말씀으로 미루어 보면, 깨달음엔 여러 내용이 있겠으나 그 핵심은 바로 일체 중생의 불성을 보는 것이 아닐까 합니다(물론 이는 저의 짐작입니다).

불성(佛性)!

공양 | 부처님이나 스님, 스승, 또는 부모께 음식이나 의복 등 필요한 물건을 바치는 것. 신체적 행위뿐만 아니라 정신적인 것도 포함됨

법계 | 진리가 충만된 현실세계

일체 고액을 벗어나게 하고, 일체 중생을 고해에서 벗어나게 하여 온 누리를 찬란한 광명으로 가득 밝힐 그 불성이 누구에게나 있고, 또한 그 불성은 깨달음을 이룬 부처님이나 아직 깨닫지 못하고 육도를 헤매고 있는 중생이나 조금도 다르지 않고 그 근본에 있어서는 똑같다는 소식!

다만 다른 것이 있다면, 부처님의 불성은 이미 활짝 꽃 피운 불성이고, 중생의 불성은 아직 채 피지 못한 꽃봉오리 같은 불성이겠지요. 비록 부처님처럼 크고 장엄하지는 못하고 또한 지금은 비록 미천하지만, 언젠가는 저 부처님처럼 활짝 만개하여 온 누리 환히 밝힐 것은 틀림없는 사실일 것입니다. 본질에 있어서는 부처님이나 저희나 조금도 차이가 없다는 것입니다.

그런데도 우리는 그 동안 본래부터 있어 왔던 우리의 불성을 보지 못하고, 있는 것(佛性)을 없는 것으로 알고 없는 것(재산, 지식, 부, 명예 등)을 있는 것으로 알아, 없다고 한탄하고 있다고 교만하며 살아온 것이 가여운 우리들의 자화상이 아니겠습니까.

마치 부엌 아궁이에 비록 미약하지만 남은 불씨를 보지 못하고 온 바깥 돌아다니며 불을 찾는 것처럼, 우리도 본래부터 있는 이 불성을 못 본 채 밖으로만 나돌아다니고 있는 것은 아닌지 모르겠습니다. 그렇다면 우리가 지금부터 해야 할 일은 자명합니다. 불씨 찾는다고 이 추운 날에 떨며 돌아다닐 것이 아니라, 아궁이를 지피고 바람을 일으켜 비록 조그맣지만 바로 내 눈앞에 분명히 있는 이 조그마한 불씨를 더 크게 살려 온 누리 밝도록 활활 타오르게 하는 것입니다. 불성을 살리는 일도 이와 같을지니, 아직은 미약한 우리의 불성을 부처님처럼 크게 만들어야 하겠습니다.

이런 보잘것 없는 우리의 불성을 더 크게 키워 부처님처럼 되게 하는 것은 바로 '수행'일 것입니다. 그리하여 있는 불성을 없다고 잘못 생각하여 하염없이 찾으러 다닐 것이 아니라, 태고 적부터 나와 함께 언제나 있어 왔던, 이 작디 작은 불성을 이 자리에서 반야의 눈으로 분명히 보고 끄집어내어, 지금 당장 수행으로 더없이 크게 가꾸어 나가야 할 것입니다.

우리의 불성을 부처님처럼 성숙되게 하는 수행, 그것은 일반적으로 알려진 수행뿐만 아니라 부처님이 하신, 그리고 부처님이 우리에게 보이신 그 모든 행이 이에 해당된다고 저는 생각합니다. 부처님이 우리에게 보이신 그 모든 모습, 예컨대 부처님이 춤을 추시면 우리도 춤을 추고, 부처님이 걸식하시면 우리도 걸식을 하고, 부처님이 선정에 드시면 우리도 같이 선정에 듦으로써 우리는 부처님을 닮아 가며 부처님처럼 되어 갈 것입니다. 이것은 지금까지 알려진 일반적 수행법이 잘못됐다는 말은 전혀 아니고, 다만 우리의 수행 범위를 어느 특정 수행 몇몇에 국한시키지 말고 부처님의 모든 모습을 닮아감으로써 부처님의 일체 행으로 넓혀 가야 한다는 말입니다.

그것은 우리가 부처님의 일체 행을 흉내내고 배우지 아니하면 부처님 같은 원만행이 제대로 나오지 않기 때문입니다. 우리가 일체 행이 부처님처럼 되지 않고서야, 저 다생겁래에 수없이 다른 인연을 지어 온 수많은 중생들의 수많은 모습을 어떻게 다 섭수할 수 있으며 그들에게 맞는 바른 길을 보여 드려 어떻게 보리심을 발하게 할 수 있겠습니까.

부디 우리 모든 작은 부처님들이, 서로서로 더 많은 공양 받고 더 많은 섬김 받아 부처님처럼 크신 분들이 되기를 발원드려 봅니다.

시장 구경

저는 마음이 울적하거나 무언가 그리울 때는 시장 구경을 곧잘 나갑니다. 시장은 언제나 북적이는 활력에 차 있습니다. 사람 사는 냄새도 가득 하며, 우리가 잃어 버렸던 아득한 옛날의 모습이 아직도 그리움으로 남아 있습니다.

어릴 때 어머님 손을 잡고 시장을 가노라면 저의 눈길을 가장 끄는 것은 이제 막 김이 무럭무럭 피어나는 찐빵 찌는 가게였습니다. 무럭무럭 피어나는 김 위로 몇 겹으로 쌓아 놓은 찐빵은 보는 그 자체만으로도 경이롭고 배가 부른 일이었지요.

거기다 지나가는 길목 곳곳에 얼마 안 되는 나물이며 여러 잡화를 놓고 우리를 부르는 주름살 깊은 할머니 얼굴은 제게는 기억도 없는 돌아가신 외할머니의 모습을 떠올리게 했지요. 저는 네 발 달린 고기를 파는 정육점은 쳐다보기도 싫어하지만, 대야에 담긴 채 노닥거리는 미꾸라지며 문어며 이제 막 잡힌 듯한 생선은 왠지 눈길이 자주 갑니다. 다른 특별한 이유가 있다기보다, 참 신기하고 귀여워서 그럽니다. 바다에서 사는 이런 생물은 그 모습이 다들 다르지 않습니까? 조개며 해삼이며 새우며 가재며 생선은 모두 하나도 같은 것이 없고 경이마저도 불러일으킵니다. 또한 가끔씩 풍기는 바다 냄새는 잊어 버렸던 고향을 떠올리게도 하고(제가 자라던 부산에서는 바람만 불면 늘 실려 오던 그런 것이었으니까요), 고향과 함께 잊어 버렸던 어린 시절의 아련한 추억도 같이 떠 올려 줍니다.

각양색색의 모습으로 좌판에 진열된 생선이며 바다 식구들을 보면 이렇듯 신기해 하다가도, 이제 사람의 입으로 들어가기만 기다리는 저들의 모습에 거의 언제나 저는 연민을 느낍니다. 저 녀석들도 다 형제 부모가 있을 것이고, 이렇게 잡혀 오기 전까지는 갯벌이 좁다 하고 바다가 내 집이다 하고 돌아다니며 놀았을텐데, 어쩌다 너희들은 이렇게 잡혀 와 이제는 생을 마감하게 되었는가? 정녕 중생은 슬픈 존재일까요?

마지막 숨을 몰아 쉬며 좁은 그릇에 몸을 누이는 문어의 모습은 또다른 우리의 모습이 아니겠습니까? 그럴 때마다 저는 마음 속으로 늘 발원*을 드리는 것으로 이별을 고합니다.

발원(發願) | 참된 소망을 내는 것

"문어야! 부디 복 있는 분의 좋은 먹이가 되어 그 분의 배고픔을 채워 그 분이 부처님 법 잘 닦는 데 도움 되거라! 그 복으로 너도 다음 생엔 꼭 우리 같은 사람이 되어, 부처님 정법 만나 부디 이 슬픈 생사윤회를 벗어나기 바란다. 잘 가거라, 문어야! 나무아미타불, 나무아미타불…"

내 말을 알아듣는지 못 알아듣는지 모르지만, 내 염불 소리 듣는지 안 듣는지는 모르지만 하여간, 좌판의 생선은 눈만 둥그러니 뜨고 있고, 어떤 생선은 이미 칼 솜씨 좋은 주인 아저씨 손에 갈기갈기 토막이 나 사라지고, 횟집의 생선은 놀기만 잘도 합니다. 이렇듯 시끌벅적하고 사람 소리 활기찬 시장거리이지만, 시장을 돌아다니다 보면 사실은 온 세상이 다 외로운 분들뿐입니다. 겉으로는 웃고 떠들고, 하나라도 더 팔려고 오가는 분들의 소매도 이끌고 온갖 목소리로 자랑을 하지만, 제가 보기에는 모두가 외롭고 가여운 분들뿐인 것입니다.

장사가 잘 되어 큰 돈 만졌다고 싱글벙글하며 돈을 세는 저 아저씨나, 날은 깜깜해지는데 아직도 좌판엔 못다 판 나물을 수북이 쌓아놓고 한숨짓는 저 할머니나, 내일 다시 해가 뜨면 고달픈 하루를 다시 시작해야 하는 가엾고 외로운 분 그 이상도 그 이하도 아닌 것입니다. 지친 하루가 지나고 가족들 기다리는 집으로 돌아가 따뜻한 방 안에 몸을 녹이는 것도 잠시, 다시 내일은 오고 우리는 또 일터로 나가야 하는 것. 윤회의 삶은 이다지도 고달픈 것입니다.

그래도 제가 아직도 끈질기게 시장을 자주 가는 까닭은, 이런 저런 이유에도 불구하고 그 곳에는 아직도 희망이 넘치고 희망이 남아 있기 때문입니다.

시장은 희망이 살고 있는 곳입니다. 비록 보잘것 없고 남루한 좌판에서일지라도, 나도 잘 살 수 있다, 나도 좋은 부모가 될 수 있다는 희망의 소리를 저는 시장에 갈 때마다 늘 듣습니다. 밤이 깊도록 생선 도마질하는 저 중년의 아지씨 얼굴에도, 밥도 먹지 못하고 반죽으로 빵을 찌는 저 아주머니 얼굴에도, 내일을 기다리고 오늘을 열심히 사시는 분들에게서만 볼 수 있는 '삶의 밝은 희망'이 깃들어 있습니다. 저는 그 모습을 보고 싶어 사실은 시간 날 때마다 시장에 가는 것이라고 생각합니다.

제2의 IMF가 온다는 요즘 우리 사회의 모습에, 저는 마음이 많이 아픕니다. 왜 그리도 힘들어하시는 분이 많으며, 왜 그리도 철없는 분들 또한 많은지 아픔은 아픔을 물고 이어집니다. 정녕 정토는 멀고 중생 성숙은 아득하기만 한 것인지, 우리 모두가 지혜롭고 행복한 날은 없는 것인지, 오늘은 그저 부처님만 보고 싶었습니다.

그러나 오늘 퇴근 후, 저는 시장에 갈 생각입니다. 그 곳
에 가서 생선에게 축원도 다시 드리고, 아는 분들에게 인
사도 하고, 시간이 나면 제가 잘 가는 주막집(?)에서 얼큰
히 술이라도 한 잔 하며, 마음씨 좋은 주인 내외분과 세상
사 돌아가는 이야기도 실컷 나누고 올 생각입니다. 왜냐
구요, 중생계가 아무리 힘들고 고달프더라도, 삶은 끝없
고 우리의 희망도 끝이 없는 때문이지요.

인생 60년

　지금은 평균 수명이 많이 늘어났지만, 얼마 전까지만 해도 인생은 60으로 보는 것이 보통이었습니다. 거기에 준해 말씀드리고자 합니다. 인생은 크게 전반기 20년, 중반기 20년, 그리고 후반기 20여 년으로 나눌 수 있겠습니다. 전반기는 과거 전생의 영향을 많이 받는 시기입니다. 나도 모르게 과거에 했던 것을 자꾸 하게 되고, 과거에 좋아했던 일을 나도 모르게 찾아가며, 과거에 인연 있던 사람들을 나도 모르게 만나 알 수 없는 이유로 친해지고 헤어집니다.

　또한 과거에 익숙했던 것은 금생에도 익숙하지만 그렇지 못했던 것은 지금도 서툽니다. 과거에 종교적 인연이 깊었던 분들은 자신도 모르게 그 가르침을 어린 나이에도 찾습니다. 나이에 비해 조숙하고 무언가 위엄이 풍겨 어른들도 함부로 대하지 못합니다. 또 전생 일이 꿈으로도 자꾸 나타나, 알지 못하는 길을 걸어가고 남에게 쫓기는 꿈도 꾸며 우리는 인생의 중반기로 넘어 갑니다.

중반기는 전생의 지배를 거의 받지 않고 새로운 삶을 준비하는 시기입니다. 어릴 때 좋아했던 일들이 이상하게도 이 때부터는 관심도 없어지고 새로운 지식, 새로운 기술에 흥미를 느끼며 새 삶을 열심히 살아갑니다.

세상에 무서운 것은 하나도 없습니다. 세상은 모두가 장미빛으로 다가오며 신체적으로도 완전한 전성기이므로 불가능이란 없습니다. 때로는 삶에 지친 듯한 선배들의 모습을 우습게 보기도 합니다. 사회적으로도 성인이 된 탓에 청소년 시절의 제약도 없어 완전한 자유를 누리며 쾌락에 몰두하기도 합니다. 종교적이던 분들도 이 때쯤이면 많이도 현실적이 되어, 어릴 때 보이던 종교적 마인드(mind)도 다 철없던 때의 추억으로 간주하며, 눈앞의 가시적인 성과 성취에 자신의 모든 것을 바칩니다. 성공하면 성공하는 재미로, 실패하면 만회하기 위해 자신의 본래 모습이 무엇인지 까맣게 잊고 그저 하루하루를 욕망 속에 살아갑니다.

그렇게 허겁지겁, 사실 무엇을 위해 사는지도 모르게 살아가다 우리는 언제부터인가 인생의 후반기에 들게 됩니다. 이 때쯤이면 신체적으로도 전성기를 지나므로, 이제는 나보다 못난 사람도 좀 너그러운 마음으로 보게 되며, 멸시하기만 했던 노쇠한 선배들의 모습도 조금은 이해하게 됩니다. 어느 날 아침, 옆에 누운 남편과 아내의 모습에서 문득 젊음은 이미 지나갔음을 발견하고는 심히 놀라기도 합니다. 늘 어리고 늘 나만 따르는 줄 알았던 아이들도 어느새 훌쩍 자라 자신들의 삶을 살기에 바쁩니다. 한 번 만나 어릴 때처럼 놀려고 해도 마치 부모를 낯선 분 대하듯 합니다.

그런 와중에 인생의 정점을 달리던 친구들의 부음도 하나씩 듣게 됩니다. 그 잘 나가던, 그렇게 살려고 바둥대던, 어릴 때 똑같이 천년만년 살 줄만 알았던 죽마고우들의 부음 소식에 인생의 무상을 비로소 느끼기 시작합니다. 나는 과연 무엇을 위해 살아 왔던가. 나는 대체 누군가. 우리는 비로소 심각한 고뇌에 빠지기 시작합니다.

그런데, 이런 인생의 후반기에는 크게 두 종류로 반응하게 됩니다. 하나는 전반기처럼 다시 과거 생의 영향을 받는 분이 있고, 또 하나는 중반기 삶의 영향을 더 강하게 받기도 합니다. 그래서 불교적이었던 분은 다시 불교로 돌아가기도 하지만 주위 사람이 다른 종교 가진 분이 많을 때는 다른 종교로 가기도 합니다. 또 삶을 심각하게 생각했던 어린 시절로 가는 분이 있는가 하면, 물질적·가시적인 성공을 최고로 생각하는 분들은 브레이크 없는 자동

차처럼 끝까지 그런 쪽으로 질주합니다. 이것이 우리 인생의 대략적인 모습이라고 해도 과언은 아닐 것입니다.

그렇다면 우리는 지금 어디쯤 와 있을까요? 또 어떻게 살아가야 할까요?

오늘같이 춥고 긴 겨울밤엔 우리 모두 한 번쯤, 가는 곳 없이 휘어이 스쳐가는, 창 밖의 저 무심한 바람 소리를 가슴 깊이 들어보시지 않겠습니까?

본래 모습으로 돌아가기

젊은 날에야 철이 없어 그렇다 쳐도, 나이가 들면 이제는 우리 모두 우리의 본래 모습으로 돌아가야 합니다. 적어도 그런 노력(發心)은 해야 합니다. 그래야만 어느 날 불현듯 닥쳐 올 고난에 우리 스스로 속지 않습니다. 그런데 그런 노력을 40대부터 하시는 분들도 있고 5~60대가 되어야 하시는 분들도 있습니다. 또는 병석에 들어서야 하시는 분들도 있습니다.

저는 그런 노력은 가능하면 일찍 할수록 좋다고 생각합니다. 60대보다는 50대, 50대보다는 40대가 더 좋다고 생각합니다(2~30대부터도 그러면 좋은데, 젊은 날에 너무 그러면 사실 세상 살기가 힘이 듭니다. 역시 젊은 날은 세상 물정을 조금은 모르는 듯한, 패기가 넘쳐야 하는 것 아닌가 합니다. 그래서 저는 인생의 후반기인 40대부터가 제일 적기가 아닌가, 그렇게 생각합니다). 왜냐하면, 인생을 되돌아보게 되는 시기가 이르고 늦은 차이는 있지만 누구에게나 반드시 오기 때문입니다. 그리고 그 시기는 이를수록 남은 날들이 보람되기 때문입니다.

그렇지만 이런 나이에 그렇게 되기란 쉬운 일은 아닙니다. 일반적으로 무상은 느끼지만, 아직은 발심*할 마음을 내지를 못합니다. 그래서 차일피일 그냥 미루는 경우가 많습니다.

그러나 발심은 꼭 해야 합니다. 왜냐하면, 앞서 말씀드렸듯 시기의 차이는 있지만 언젠가는 모두가 꼭 하게 되는 것이기 때문입니다. 심지어는 돌아가실 때까지도 안 하시는 분들도 계십니다만(사실 이런 경우는 안 하는 게 아니라 그럴 기회조차 갖지 못한 박복한 경우이지만) 대부분은 하게 됩니다. 그만큼 이런 마음은 중요하기 때문이지요.

그런 발심을 한 분과 안한 분은 남은 삶의 차이뿐만 아니라, 임종 후에 맞는 영계의 모습도 다릅니다. 임종 직전이라도 그런 마음을 내신 분은 여러 불보살(또는 천사)들의 마중을 받지만, 그렇지 못한 분은 그 험한 저승길을 안내인도 없이 혼자 가야 하는 것입니다.

그렇기 때문에 모든 종교에서는 회개와 발심을(불교에서는 임종 직전에 아미타불 이름을 단 한 번만이라도 부른다면 극

발심(發心) | 깨닫고자 또는 수행하고자 하는 마음을 내는 것

락 정토에 난다고 하며, 천주교에서도 종부성사를 꼭 받게 함) 그토록 주장하는 것입니다. 그러나 오죽 못났으면 임종 직전에야 그러하겠습니까. 미리미리 하면 좀 좋겠습니까?

우리가 죽기 20년 전에 발심한다면 우리는 20년을 버는 것이요, 10년 전에 하면 10년을 남는 장사를 하는 셈입니다. 사실이 이러할진대, 바보 아닌 다음에야 이렇게 이윤이 많은 장사를 하지 않을 분이 어디 있겠습니까? 그런데 왜 우리는 아직도 발심하지 못하고, 아직도 눈앞의 쾌락, 눈앞의 이익만 좇아 꿈처럼 살아가고 있는 것일까요? 정말 안타깝고 애석한 일이 아닐 수 없습니다.

우리 모두 본래 모습으로 이제는 돌아가십시다. 본래 모습이 무엇인지 모르시겠다면 알겠다는 노력만이라도 이제는 시작해 봅시다.

적어도 40대에 이르신 분들은 이제는 그 때가 된 것입니다. 재물과 명예를 좇고, 자신의 안락만을 위하는 그런 모습은 우리의 본래 모습이 아닙니다.

아마도 그 어린 시절, 하늘의 별은 한없이 반짝이고 은하수는 끝없이 흐르며, 아침에 피던 여름 날 꽃들은 한없이 신비롭던, 맑고 푸르던 그런 날들이 우리의 본래 모습이 아니겠습니까(육조 스님도 우리의 자성은 本自淸淨이라고 하시지 않습니까)?

본래 우리가 자유로웠고, 본래 우리가 맑았는데 무엇에
안타까워하고 무엇을 그리 아쉬워하겠습니까
　좀 부족한게 있더라도 우리 모두 이제는 본래 모습으로
돌아갈 일입니다.

인생이 이렇게 덧없는 것을…

인기 드라마 '태조 왕건'에서 폭정을 휘두르던 궁예는 반란군 앞에 드디어 생을 마칩니다. 드라마에서 궁예는 왕건과 술 한 잔을 나눈 뒤 말합니다. '인생이 찰나인 것을 왜 그리 욕심을 부렸던고, 이렇게 덧없게 가는 것을….' 아무리 한탄해 보아도 이미 때는 늦은 것, 이 한 마디를 남기고 궁예는 미리 부탁해 놓은 경호 대장의 칼에 목숨을 마칩니다.

물론 궁예는 이렇게 죽지 않았고 드라마는 전적으로 작가의 의도대로 꾸민 것이겠지만, 저는 여기서 무엇이 중요한 일인지 모르고 그저 오욕을 좇아 한 평생을 꿈처럼 살다 허망하게 가 버리는 우리들의 모습을 봅니다.

궁예의 탄식처럼 우리는 삶을 참으로 덧없게 보냅니다. 내가 가진 권력, 재산이 남을 괴롭히라고 온 것이 아닌데도 우리는 남을 돕지 못하고 오히려 남을 괴롭히는 데 씁니다. 그 많은 재산, 그 큰 권력을 남을 돕고 남을 살리는

데 쓰면 나도 좋고 너도 좋고 모두가 좀 좋겠습니까? 그런
데도 시중의 여러 권력, 재력가들은 대부분 남을 힘들게
하는 데 써 버립니다. 없는 자 앞에서 있는 것을 빼기고 남
이 소중히 여기는 것을 보란 듯이 무시하고 멸시해 버림
으로써 없는 분들의 마음을 더욱 더 비참하게 만듭니다.
조그마한 권력도 남을 섬기고 모시는 방향으로 쓰는 것이
아니라, 그것도 권력이라고 으스대고 남을 위축시키는 방
향으로 쓰다가 어느 날 문득 '나 간다' 라는 한 마디 말도
못하고 가 버립니다. 이것이 무명(無明)*의 삶을 사는 우
리들의 적나라한 실상일 것입니다.

만약 궁예가 자신의 권력, 카리스마를 남을 죽이는 데
쓰지 않고 자비를 베풀고 남의 생명을 살리는 데 이바지
했다면 그렇게 비참한 최후를 맞이하였겠습니까? 함부로
법봉을 휘두르지 않고 자신의 한계를 넘어선 술법으로 혹
세무민하지 않았다면 그는 진정 그 시대의 미륵부처님이
되었을 것입니다. 그러나 안타깝게도 그렇지 못한 탓에,
가여운 생명을 그렇게 수없이 뺏다가 마침내는 자신도 비
명에 가고 만 것입니다. 어차피 앞서거니 뒤서거니 차이
만 있지 똑같이 가 버릴 똑같은 생명이, 권력이 조금 있다

무명 | 진리에 어둡고 어리석은 것

고 똑같이 소중한 다른 생명을 빼앗고 핍박했던 것입니다. 죽음을 눈 앞에 두고서야 궁예는 그 사실을 깨닫고 지난 날을 돌아보며 자신의 각박함을 한탄하지만, 때는 너무 늦어 아쉬움만 남기고 세상을 떠날 수밖에 없었습니다. 궁예의 비극은 바로 여기에 있습니다.

죽을 때면 알 일을 살 때는 왜 모른단 말입니까! 왜 그 좋은 날 다 그렇게 보내고 죽을 때가 되어서야 비로소 깨닫는단 말입니까! 참으로 가슴 아픈 일이 아닐 수 없습니다. 이런 궁예의 모습은 시간과 장소만 다르지 사실은 바로 우리 모두의 모습일 것입니다. 우리는 너무 늦게 그런 사실을 깨닫게 됩니다.

그런 우리들이 안타까워 숱한 성인(聖人)들이 간절한 충고로 그렇게 우리를 일깨우려 하시건만, 젊고 잘 나갈 때는 우리는 들을 생각도 볼 생각도 하지 않습니다. 그런 외침은 모두 고리타분하고 고지식한 것으로, 또는 철없는 아이들이나 지키는 하찮은 것이며 잘난(?) 나와는 전혀 무관한 것으로 생각합니다. 그리고 젊은 혈기에 그저 앞만 보고 달려가며 남을 짓밟고 상처를 주는 것으로 그 귀중한 시간을 다 써 버립니다.

그러다 어느 날 문득, 외롭고 초라한 자신의 모습을 발견하고 깜짝 놀라지만 혈기 넘쳤던 지난 날은 모두 추억이 되어 버렸고 남은 것은 깊은 회한뿐! 남은 삶을 한탄과 후회 속에 살다 어느 날 가는 줄도 모르고 가 버리는 것이 어리석은 우리들의 자화상입니다.

'인생이 이렇게 덧없는 것을 진작에 알았더라면 인생이 허망하다는 성인들 말씀에 진작 귀기울일 것을' 아무리 한탄하고 후회해도 가 버린 시간은 다시 오지 않습니다. 회한은 밀물처럼 우리 가슴을 적셔 오고 우리는 아픈 가슴을 안고 종말을 향해 걸어갑니다.

궁예의 마지막 대사는 꿈처럼 살아가는 우리를 일깨워 주는 큰 법문*입니다. 지금 깨지 않으면 그런 회한으로 삶을 마감할 것이니, 우리 모두 한 나절 꿈 속에서 얼른 깨어날 일입니다.

생로병사는 성장의 과정

이제 겨울이 깊어 갑니다. 그 맑고 푸르던 날은 다 지나가고, 어둡고 추운 겨울이 깊어 갑니다.

나뭇잎은 다 지고 눈발은 땅 위에 흩날립니다. 이토록 쓸쓸한 겨울, 자연의 생로병사는 도대체 왜 오는 것일까요? 그냥 늘 봄이요 늘 여름만 있으면 안 되는 것인가요?

제가 아는 어떤 분은 얼마 진, 채 50도 안 된 나이에 사랑하는 아이들을 남겨 두고 가 버렸습니다. 이 분은 병든 마음을 고쳐 주시는 정신과 의사이셨지만 허망하게 가 버리셨습니다. 왜 사람은 저렇게 늙고 병들고 죽어 가는 것일까요? 왜 피부는 탄력을 잃고 근력은 떨어져 가고 눈은 안 보이게 되는 것일까요? 죽지 않고 천 년 만 년, 영생을 살면 정녕 안 되는 것인가요?

그렇습니다. 우리는 언제까지나 영생할 수 없으며 때가 되면 가야 하는 것입니다. 이것은 인간에게만 해당되는 것이 아니라 온 우주의 진리입니다. 그 이유는 그렇게 해야만 '진실 생명'이 '성숙되고 성장되는 까닭'입니다.

저 태양이 수없이 뜨고 지는 것은 그냥 그렇게 된 것이 아닙니다. 하루 동안 비추이는 광명으로 온 생명이 다 싹 틀 수 있다면 태양은 그렇게 되었을 것입니다. 그러나 생명 중에는 한 나절만 태양 빛을 받아도 생명이 움트는 것이 있다면, 수개월을 빛을 쬐어야만이 움트는 것도 있기 마련입니다.

그러므로 태양은 수없는 날을 뜨고 지는 것입니다. 일 년 내내 낮이 되면 더없이 좋을 것 같지만, 저 오로라 비치는 극지방을 보십시오. 그렇게 해서 생명은 자랄 수가 없는 것입니다. 그렇기 때문에 태양은 밤과 낮을 반복해서 오는 것입니다.

겨울이 오지 않고 낙엽이 떨어지지 않으면 새 생명은 자라지 못합니다. 새 봄에 새 잎이 나지를 못하는 것입니다. 우리가 안 가겠다고 버티면 버틸수록 다음 생명이 자라지 못합니다. 내가 죽지 않으면 내 자식이 자라지 못하는 법이요, 내가 물러나지 않으면 내 다음 세대가 유구한 이 역사를 이끌어 갈 기회가 없는 것입니다.

내가 죽지 않겠다고 바둥거리는 것 자체가 나의 삶, 우리 아이들 삶을 죽이는 일이요(실지로 부모가 오래 살수록 부모 봉양하다 자식이 먼저 가는 일이 비일비재합니다), 내가 나가지 않겠다고 미련을 가질수록 다른 분의 데뷔 무대는 그만큼 늦어지는 것입니다.

그러니 나의 무대가 끝나면 나는 아무 미련없이 가야만 합니다. 그래야만 우리 아이가, 우리 다음 세대가 그들의 능력을 마음껏 발휘하고 세상을 풍요롭게 만드는 것입니다. 그러므로 한창일 때, 욕심을 버리고 다른 분들에게 기회를 주기 위해 은퇴하시는 대가들의 모습은 그토록 감동을 주고 아름다운 것입니다. 그 반면, 명예롭게 퇴장할 시기를 놓치고 끝까지 집착하는 분들의 모습이 추태스러운 것도 또한 그런 이유에서입니다.

그런데 사람이란 욕심이 많아 정말로 끝장 나기 전까지는 끝없이 부정하고 집착합니다. 그 결과 나도 힘들고 남도 힘들어 집니다. 아무리 그래 봐야 결국은 가고야 말 것을, 안 가겠다, 더 있겠다는 집착으로 모두를 힘들게 하고는 끝내는 허무하게 가고야 마는 것입니다. 한 번 잡은 권력을 놓치지 않겠다고 발버둥치다 결국은 남도 망하게 하고 자신도 비참하게 끝나는 비극을 우리는 역사 속에서 수없이 볼 수 있지 않습니까?

생로병사는 바로 자연의 섭리요, 성장의 한 과정입니다. 하나도 두려워하고 싫어할 필요가 없는 것입니다. 내가 가는 것만큼 우리 아이들이 오고 이 중생계가 성장하는 것이니 조금도 연연해할 것이 없습니다.

　우리 모두 주어진 나의 삶을 열심히 살아갑시다. 그리고 언젠가 우리의 무대가 끝나 가야 할 때가 오면, 조금도 아쉬워 말고 너와 나를 축복하며 우리의 길을 미련없이 떠나 봅시다.

화마가 스쳐간 산하에도 꽃은 다시 핀다

풀 한 포기도 남겨 놓지 않고 다 쓸어 가 버린 듯한 산하에도 꽃은 피고 다람쥐는 찾아옵니다. 산불이 얼마나 무섭습니까? 온 산하를 삼킬 듯한 산불이 지나가고 나면 남아 있는 게 없습니다. 심지어 땅 밑 벌레들까지 견뎌내지 못하고 모두 휩쓸려 가고 맙니다. 그런 산불이 지나간 자리를 보노라면 어쩌면 절망 그 자체입니다. 울창하던 삼림은 흔적도 없고 회복은 영원히 불가능한 듯이 보입니다. 그러나 시간이 지나 봄이 다시 찾아오면, 절망의 땅으로만 알았던 그 곳에 꽃은 다시 피고 이름모를 새들은 또 찾아 옵니다. 그것이 자연의 생명력이요, 새로운 출발을 하는 자연의 모습입니다.

지난 봄에 있었던 강원도 영동지방의 산불은 토양의 미생물마저 사라져 복원엔 최소한 50년은 걸릴 것이라는 전문가의 판단을 비웃기라도 하듯, 불과 수개월 만에 풀이 자라고 매미는 허물을 벗었습니다. 오히려 응급복구를 한 곳은 그냥 놔둔 것만한 회복이 이뤄지지 않고 있다고 합니다.

우리는 흔히 산불이나 해일 등 거대한 자연의 용틀임을 재앙이라고 생각합니다. 그러나 그것은 어디까지나 인간의 관점에서 본 이야기지 우주적인 관점에서 보면 전혀 재앙이 아닌 것입니다.

우주의 진리로 볼 때 그런 현상들은 지극히 자연스런 정화(淨化)와 성장의 한 과정입니다. 폭풍이 일고 해일이 읾으로써 바다와 하늘은 거대한 정화의 순환을 일으키며, 온 산을 휩쓴 산불은 또다른 생명의 토양을 만들어 냅니다. 이런 이유로 미국 어느 주(州)에서는 산불이 나면 끄지 않고 저절로 꺼질 때까지 그대로 방치하기도 한다고 합니다.

우주가 생겨나고 성장하다 마침내 멸할 때에도 거대한 자연 재앙이 휩쓸고 지나간다고 경전에는 설해져 있습니다. 그런 연후 다시 새로운 우주가 시간이 지나면 생겨 나는 것을 볼 때, 엄청난 그 재앙은 단순히 우주의 성장을 시기해서 일어나는 것이 아니고 새로운 탄생을 위한 자연의 섭리인 것입니다.

이런 관점에서 본다면 지금 내 앞에 닥치는 재앙과 고난에 너무 마음 아파할 필요가 없습니다. 어쩌면 그런 것들은 나의 나태한, 진리적이지 못한 그 동안의 삶을 돌이켜 새롭고 보람있는 삶을 이루기 위한 하나의 과정일지도 모릅니다. 우리가 우리 관점으로만 볼 때에야 나를 괴롭히고 또 내가 괴로운 것은 사실이지만, 진리의 관점에서는 그렇지 않을 수도 있는 것입니다.

그러므로 우리는 실망할 필요가 전혀 없습니다. 비록 앞날이 아무리 암담하게 보이더라도, 비록 현재 내가 모든 것을 잃을지라도 그럴수록 우리는 더 먼 세계를 바라보아야 하는 것입니다. 여기서 무너지면 안 되는 것입니다. 여기서 무너지면 새로운 미래는 영원히 올 기회를 잃어버리고 맙니다.

이런 이야기를 하는 것은 단순히 위로를 히기 위함이 아닙니다. 그렇게 알고 그렇게 살아가는 것이 바로 진리이기 때문에 그러한 것입니다. 이 사실을 믿고 현재의 절망에 속지를 않아야 새로운 미래가 실지로 내게 올 수 있기 때문입니다. 절망은 모든 것의 끝입니다. 절망 속에 사로잡혀 있는 한, 그 어떤 새로운 날도 오지 않습니다. 절망을 이겨내야 합니다. 우리는 바른 진리를 앎으로써 절망을 이기게 됩니다. 요즘 다시 경제가 어려워져 모두들 힘들어하고 계십니다.

하지만 어떠한 어려움이 찾아오더라도 우리 불자님들,

모두들 힘을 냅시다! 나에게 오는 이 고난은 어쩌면 제 2
의 도약을 위한 새로운 계기일지 모릅니다. 하늘은 절망
을 나에게 주더라도, 내가 그것을 절망으로 생각하지 않
으면 그것은 결코 절망이 될 수 없습니다. 문제는 남이 아
니라, 환경이 아니라, ‘그것을 받아들이는 나에게 있는
것’입니다.

단 하나의 생명도 살 수 없을 것 같은 저 화마가 휩쓸고
간 자리에도 꽃은 피고 생명은 희망으로 움트는데, 어찌
나의 앞날에 희망이 없겠습니까! 불자님들이시여, 어떠한
어려움에도 용기 잃지 마시고, 밀려오는 저 먹구름을 찬
란한 희망으로 맞이하여 보옵소서! 우리 불자들은 절망
속에서도 희망을 창조하는 분들입니다. 굳은 의지 앞에,
찬란한 자성 생명 앞에 절망은 없는 법입니다.

이 사실을 믿어 조금도 의심치 마시고 다같이 희망으로
나아가시기를, 언제나 자비로 저희들을 섭수하시는 시방
세계 제불보살님들에게 발원드려 봅니다.

함부로 남을 돕지 마라

함부로 남을 도우려 하면 안 됩니다. 남을 돕는 것은 그 자체가 큰 복을 짓는 행위라 그런 영광은 함부로 오지 않습니다. 좋은 인연을 심어 놓고 남을 도울 복을 지어 놓아야 그런 일을 할 수 있습니다. 그러니 함부로 남을 돕겠다고 나서면 안 됩니다.

어떤 종교 단체에서 일하는 분이 있었습니다. 이 분은 양자를 맞이하는 선행을 해서 주님의 은혜에 보답하려고 뜻을 세웁니다. 그런데 이 분의 부인은 이제 5살짜리 아이 하나를 키우고 있는 엄마로서, 남편의 월급이 별로 많지 않아 아이 하나 기르기도 벅차다고 생각하시는 분이었습니다.

그래서 남편에게 강력히 반대합니다. 하지만 이 남편은 기어코 자신의 뜻을 관철시켜 6개월짜리 아가를 양자로 맞이합니다. 몇 달이 흐른 뒤, 신문에는 양자를 기르던 어떤 부인이 아기가 울음을 그치지 않는다고 실갱이를 하다 아기의 목을 졸라 죽인 사건이 보도됩니다. 바로 이 분의 이야기였습니다. 내가 좋은 일 하려다가 멀쩡한 내 아내를 살인자로 만든 것입니다. 얼마나 가슴 아픈 일입니까!

　준비 없이 남을 도와 드리려는 것만큼 위험한 것이 없습니다. 자칫하면 우리 모두가 죽습니다. 물에 빠진 분을 구해 드리겠다는 생각이 있으신 분은 평소에 수영뿐 아니라 구조 연습(수영 잘하는 것과 구조는 또 다른 문제입니다)을 열심히 해 두어야 비로소 가능한 것입니다. 남에게 물질적인 보시를 하겠다는 뜻을 가지신 분이라면 곳간에 온갖 보배를 가득 채워 놓으셔야 합니다. 뭐가 있어야 나눠 드릴게 아니겠습니까? 가진 것 없이 나눠 드리려고만 든다면 내 보람은 찾을 줄 모르나 처자식 굶기기 딱, 알맞지요!

　남을 돕는다, 또는 돕겠다는 생각은 매우 바람직한 것입니다. 하지만 원만한 도움을 위해서는 반드시 준비가 필요합니다. 그래야만 나도 살고 남도 사는 그런 원만한 회향이 이루어지는 것입니다. 그냥 감상적으로만 덤비다가는 남도 죽고 나도 죽게 될 뿐입니다.

　부처님 법에서의 준비는 바로 ‘원(願)’입니다. 부처님 전에 원을 세우는 것이 가장 원만한 준비가 되는 것입니다. 숱한 보살*행이 마침내 꽃피게 되는 것도 모두 ‘원’에 의해서입니다.

우리 모두 원을 세웁시다. 저 중생이 가여우면 가여울수록, 내가 아직 도울 능력이 없으면 없을수록 더욱 더 원을 발해야 하는 것입니다. 원을 세우고 성실한 삶을 살아가는 동안, 나의 소망은 어느새 현실로 다가와, 언젠가는 우리도 저 불보살님들처럼 다함 없는 중생 공양을 이루게 될 것입니다.

보살 | 위로는 깨달음을 구하고 아래로는 일체 중생을 구하겠다는 원을 가지고 성불을 미룬 채 중생과 생사를 같이 하는 불교의 성인(聖人)

세간에서 어떤 자가 제일가는 부자인가?

오늘 오후 팔순이 훨씬 넘으신 어머니한테서 전화가 왔습니다. 문득 수십 년 전 시장 가는 길에 저를 잃어 버렸던 일이 생각이 나서 그 때 일을 회상하니 제가 무척 보고 싶다는 말씀이었습니다.

제가 다섯 살쯤 되었을 때 일이니 벌써 40년도 넘은 세월이군요. 그렇지만 시장 가는 어머니를 따라가려는데 안 데리고 가셔서 제 고집을 피우며 어머니 뒤를 따라나서던 기억은 어찌된 일인지 분명히 제 기억에 남아 있습니다. 그렇게 저는 따라 나서고 어머니께서는 당연히 제가 따라오지 않은 것으로 아셔서 당신 일을 보시고, 그런 와중에 저는 어머니를 잃어버렸습니다. 어머니는 장을 다 보시고 집에 오셔서야 그 일을 아시고 한바탕 난리가 벌어졌던 것이지요.

어린 막내를 잃어버리신 어머니는 아마 제 정신이 아니셨을 것입니다. 어머니는 너무 놀라시어 온 시장을 다 돌아다니시다가 어느 집에 길 잃은 아이 하나가 울고 있다는 이야기를 어디선가 듣고 황급히 저를 찾아 오셨습니다.

이 일을 말씀하시며 '네가 우찌 이리 보고 싶노' 라시는 어머니의 힘없는 목소리는 그만 울컥 저를 목메게 하고 말았습니다.

어머니는 저를 40이 가까워서야 낳으셨습니다. 그렇지만 저는 자라면서 어머니한테 불만이 많았습니다. 제가 보기에 어머니는 너그럽지도 넉넉하지도 원만하지도 못한 성품이셨지요. 그래서 세상 일을 늘 자식 위주로 풀어 나가시고 오로지 아들 잘 되기만을 바라시는 그 모습에 무척이나 답답해 하기도 했습니다. 그래서 원망도 많이 하고 불효한 행동도 많이 하였습니다.

그러나 뒤늦게 철이 들면서 부모님의 은혜를 조금이나마 알게 되며 언제부터인가 어머니에 대한 불만, 원망이 눈 녹듯 사라져 버렸습니다. 어머니의 그 모진 고생이 다 저를 키워 주시기 위한 당신의 희생임을 안 지금, 그 많던 어머니의 못마땅하던 점은 어디론가 다 사라지고 제 기억엔 그저 저를 보시며 늘 흐뭇해하시던 어머니의 자비롭던 모습만이 가득합니다.

특히 부모은중송에 나오는 부처님의 말씀은 제 가슴을 참 많이도 아프게 만들었습니다. 어머니의 모든 허물이 모두 저로 인한 것 아님이 없고 어머니가 겪은 고생, 아픔 그 모두가 저를 위하였던 것이 아님이 없었읍니다. 설사 그렇지 않은 허물이 있다 하더라도 이제는 원망할 허물이 아니라 다 자란 자식이 덮어 드려야 할 허물일지니, 모두 모두 어머님의 깊은 은혜 아님이 없습니다.

어릴 때 그렇게 강건해 보이시던 어머니, 저희를 위해서 라면 세상 누구와 맞서 싸워도 지지 않으실 것 같던 어머 니, 그런 저의 어머니는 이제 늙고 병들어 힘들게 하루하 루를 보내고 계십니다.

저는 무슨 일인지 부모님을 가까이서 모실 인연이 없어 힘들어하시는 어머님을 그저 멀리서 지켜만 보고 있습니 다. 가까이서 모시며 부처님 말씀도 들려 드리고 같이 아 미타부처님 염불도 해 드리면 그렇게 좋으련만, 말 못할 사정으로 저는 어머님을 그리워하고만 있습니다. 나이 든 분들 옆에서 같이 금강경 아미타경 읽어 드리면 얼마나 좋습니까. 더구나 늙은 부모님 옆에서 자식들이 경 읽는 모습은 상상만 하여도 한 폭의 그림입니다. 하지만 저는 멀리서 어머님을 그리며 그저 혼자서 제 마음을 부처님께 바치고 있을 뿐입니다.

이제 뵈올 시간이 그다지 많이 남지 않은 늙으신 어머 니! 저희들에게 자비롭기만 하시던 그 모습 그리며, 부처님이 일러주신 부모은중송을 불러 봅니다.

세간에서 어떤 자가 제일 가는 부자런가
세간에서 어떤 자가 제일 궁한 가난인가
어머니가 집에 계심 제일 가는 부자이고
어머니가 안 계심이 가장 궁한 가난이라
어머니가 생존일 때 해가 밝은 날이 되고
어머니가 안 계실 때 해가 저문 날이어라
어머니가 계실 때는 무엇이든 원만하고
어머니가 돌아가니 온 세상이 공허해라.

세간 속에서 해탈 이루리

어두운 맘 미혹한 업 마경계라도
세간 속에서 해탈이루리
연꽃 잎에 물방울이 붙지 않듯이
해와 달이 허공에 머물지 않듯이

화엄경 보현행원품에 나오는 게송*입니다. 이 게송에서
처럼 세간 속에 한 평생 살아가노라면 우리는 이루 말할
수 없는 어려운 일들과 어려운 경계를 만납니다. 세간, 즉
세속이란 얼마나 힘들고 어지러운 곳입니까? 비바람은 얼
마나 거세고 우리를 미혹하게 만드는 일들은 또 얼마나
많습니까? 고통스러운 일에서 잠시 벗어났나 하면 또 어
디선가 가슴 아리는 일들은 닥쳐옵니다. 정녕 세속 살림
이란 평범한 중생에게는 이토록 감내하기가 힘들고 어려

운 것인지 고난은 끝이 없고 번뇌도 끝이 없습니다.

이런 저런 이유로 가끔 산에서 눈 맑은 수행자 분들을 만나면 자신도 모르게 이 먼지 가득한 속세를 떠나고 싶은 마음이 생깁니다. '이 속세를 잠시라도 떠날 수 있다면, 그래서 물 맑고 공기 좋은 곳에서 단 며칠이라도 모든 고뇌 잊고 살아 볼 수만 있다면…' 이런 마음은 현대를 살아가는 분들이라면 누구나 한 번쯤은 꿈꾸어 보셨을 것입니다. 그리고 그런 곳에 살면 번뇌는 저절로 사라지고 해탈은 저절로 이루어질 것처럼 생각해 보기도 합니다.

그런데 보현행원품에서는 이런 생각을 단호히 거부합니다. 해탈은 먼 곳에 있는 것이 아니라 내가 서 있는 바로 이 자리 이 곳에 있으며, 아무리 어려운 일을 만나고 사람에게 실망하고 미혹한 일을 당하더라도 기어코 지금 내가 살고 있는 이 자리에서 깨달아 해탈을 이루겠다는 것입니다.

운동 경기를 할 때 다른 사람들은 못 뛰게 하고 자기만 골을 넣는다든가, 상대방을 매수하여 승리를 거둔다 하는 것은 진정한 승리도 아닐 뿐더러 아무 가치가 없는 일입니다. 이처럼 해탈도 어느 특정한 환경, 어느 특정한 경우에만 이루어진다면 진정한 해탈이라 할 수 없습니다. 평범한 일상사에서 때와 장소를 불문하고 이루어질 때 비로소 해탈이 진정 이루어졌다고 할 것입니다.

생업을 포기하고 이루어진 해탈, 자식 노릇이나 교육을 포기하고 이루어진 해탈, 가장이나 부부의 책임을 저버리고 이룬 해탈은 해탈이 아닙니다. 남에게 상처를 주고 이룬 재물이 진정한 나의 것이 아니듯, 남의 울음 속에 이루어진 해탈은 진정한 해탈이 아닌 것입니다. 그러므로 우리는 일상생활에서 그대로 성불하고 그대로 해탈을 이루어야 할 것입니다.

해탈은 먼 하늘 별빛도 아니고 먼 세상의 일도 아닙니다. 일상에서 매일 일어나고 매일 볼 수 있는 그 모든 것이 바로 해탈의 소식입니다. 우리는 어떤 이유로도 세속을 떠나지 말아야 할 것입니다. 우리가 살 곳은 다른 곳이 아니라 바로 고통 많은 이 곳, 사바 세계입니다. 죽어도 같이 죽고 해탈을 이루어도 사바세계에서 고통받는 어린 이웃들과 같이 이루어야 하는 것입니다.

그러므로 아무리 중생의 삶이 고달프고 아무리 하루하루가 힘들더라도, 그 어떤 고통 그 어떤 아픔이 오더라도 우리는 세속을 떠나지 말고 울고 웃는 이 세간에서 이웃과 더불어 깨달음을 이룰 일입니다. 그리하여 금빛 연꽃이 진흙을 떠나지 않고 마침내 저리도 아름다이 꽃을 피우듯, 우리 모두 더 큰 정진과 보리심으로 세간에서 기어코 해탈 이룰 것입니다.

제2장

끝 없는 중생공양

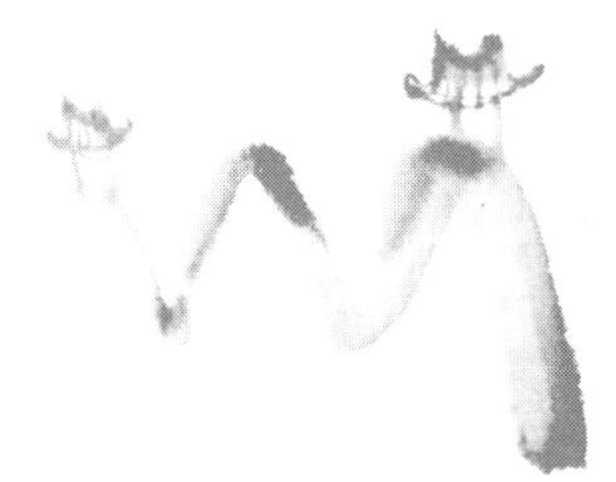

나를 괴롭히는 분을 위해 기도합시다

우리는 살아가며 참 많은 사람들을 만납니다. 그 중에서 우리를 괴롭히고 음해하는 분들을 우리 뜻과 다르게 만나는 것은 참으로 견디기 쉽지 않은 일일 것입니다. 그런 일에 부닥치면 우리는 흔히 그 사람을 무시하거나 같이 경멸함으로써 괴로운 마음을 벗어나려 합니다. 비난을 하면 같이 비난하고 괜히 그 사람의 못난 점을 기를 써서 찾아내어 기어코 그 사람을 망신 주려 합니다.

또는 포도를 따지 못하자 포도가 시들었을 것이라며 돌아서는 이솝 우화에 나오는 여우 같은 자기 변명을 하기도 합니다. 그러나 이런 방법으로 나의 고뇌는 사라지지 않습니다. 우선 그런 방법으로는 당장의 현실을 변화시키지 못하며, 또한 그러면 그럴수록 내 마음은 더욱 더 황폐해 져 갑니다. 고뇌가 사라지는 것이 아니라 그림자는 더욱 더 커지는 것입니다.

그러면 무엇이 가장 멋지게 복수(?)하는 것인가, 또는 나를 괴롭히고 나를 음해하는 자에게서 벗어나는 가장 좋은 방법은 무엇인가? 그것은 바로 '그 분을 위해 기도하는 일'입니다.

비록 나를 비난하더라도, 비록 나를 배반하더라도 '저 분은 본래 그럴 분이 아닌데 무슨 사정이 있는 모양이다', '저 분이 아직 어리고 어리석어 저러는데 어떡하겠는가. 다만 저렇게 살다가는 언젠가는 큰 낭패를 만날텐데, 그 때 너무 큰 어려움 없이 교훈을 배웠으면 좋겠다' 이렇게 그 분을 측은히 여기고 그 분을 위해 기도하는 것입니다. 믿기 어려우시겠지만, 이 길만이 상처를 준 그 분과 상처받은 내가 모두 사는 길이요, 모두 축복받는 길인 것입니다.

몇 년 전 여의도 광장에서 세상에 절망한 어떤 분이 차를 광장으로 몰고 가 거기서 놀던 많은 어린이들을 다치고 사망하게 한 사건이 있었습니다. 이 분은 사고를 일으킨 다음에야 자신의 잘못을 뉘우치고 용서를 빌었습니다만, 그 중 어린 손녀를 잃은 할머니 한 분은 끝내 용서하지 않고 그 분을 미워하였습니다(아마 이 분이 유일하게 용서를 하지 않으신 분이었을 겁니다).

다시 꽤 시간이 흐른 어느 날, 뜻밖에도 이 할머니는 수감 중인 그 분을 찾아가 '당신을 용서한다'는 말을 하고는 눈물을 흘렸습니다. 할머니 말씀인즉, 귀여운 손녀를 죽인 그 분이 너무나 무정하여 끝까지 용서를 하지 않으려 했으나, 그러면 그럴수록 자신의 가슴이 먼저 무너져 가더라는 것입니다. 비명에 간 손녀가 너무나 가여워 그 분을 미워하면 할수록 그 손녀가 구원을 받는 것이 아니라, 오히려 손녀가 괴로워하는 것 같고 무엇보다 자신의 가슴이 황폐해져 가는 것을 도저히 견딜 수가 없더라는 것입니다. 그래서 마침내 원망을 거둬들이기로 했다는 것이며, 오히려 그 분의 죄가 얼른 멸해질 수 있도록 기도하겠다는 것이었습니다. 두 분 사이에 회한의 눈물이 오고 간 것은 물론입니다.

예수님도 골고다 언덕에서 십자가에 못박힐 때, 자신을 죽이기 위해 열심히(?) 못을 박는 로마 관원을 보고 이렇게 말씀하십니다. "주여! 저들을 용서하소서. 저들은 지금 자기가 무슨 일을 하는지 모릅니다."

신의 아들인 예수님을 저렇게 못박아 죽이는 분들이 심판의 날에 어떤 벌을 받겠습니까? 지금은 황제의 뜻에 따라 저런 일을 하지만 그들이 지금 무슨 일을 하고 있는지 안다면 과연 황제가 무서워서 저렇게 열심히 못질을 하겠습니까? 그러니 모든 것을 다 아시는 예수님의 입장에서는 지금은 신나게 못질하는 저들이 참으로 가엾기 그지없는 것입니다.

이와 같이, 나를 핍박하고 나를 괴롭히는 분들을 위해 기도를 합시다. 저 분은 나에게 비수를 들이대어도, 나는 저 분에게 나의 정성을 공양할 것입니다. 우리 모두 나를 괴롭히는 사람, 내 고뇌의 근본 원인이 되는 분을 위해 원망하기보다, 미워하기보다 기도해 봅시다. 놀랍게도 내 마음의 응어리가 언제부터인지 스르르 풀려가는 것을 느낄 수 있을 것입니다. 그것이 바로 가장 멋진 빚갚음입니다.

젖은 곳에는 눈이 쌓이지 않습니다. 불자님들! 우리 모두 뜨거운 정성과 기도로써 저 분들의 잘못과 허물을 모두 감싸드려, 우리 모두가 같이 살고 같이 축복받는 길로 함께 가시옵기를 부처님께 발원 드리옵니다.

복과 화는 왜 오는가?

우리 주위에는 하는 것마다 잘 되어 행복하신 분들이 있는가 하면 또 괴로움이 그치지 않는 분들도 계십니다. 이런 차별상은 왜 일어나는 것일까요?

불교에서는 복도 화도 모두 내가 부른 것이라고 합니다. 내가 남에게 기쁨을 주었기 때문에 어느 날 기쁨이 내게 오는 것이며, 내가 남에게 진심(瞋心, 성내는 마음)과 원망을 주었기 때문에 내게 원망이 오게 된 것이라고 합니다. 이 말을 알기 위해 멀리 전생까지 갈 필요도 없습니다. 지나간 우리 삶을 조금만 되돌아보아도 이 뜻은 금방 이해할 수 있습니다.

내가 아쉬움이 많은 분들에게 도움을 주고 잘 모시면, 입장이 바뀌어 내가 아쉬울 때 누군가가 나에게 도움을 주십니다. 내가 잘나갈 때 남을 무시하고 나 잘난 줄만 알면, 내가 어려울 때 다들 나를 떠나가십니다. 호랑이 옆에 그 어떤 동물도 오지 않는 것은 안 오는 토끼, 사슴의 잘못이 아닙니다. 호랑이가 그런 삶을 살았기 때문입니다. 화사한 봄날, 저 숲 속이 저렇게 기쁨에 넘치는 것은 숲이 모든 생명을 꽃피우기 때문입니다.

부처님, 예수님이 시공을 뛰어넘어 모든 분들의 존경을 받는 이유도, 속이거나 누가 강요한 것이 아닙니다. 그 분들이 일체 중생에게 자비와 사랑을 듬뿍 주셨기 때문입니다.

내가 성을 잘 내면 나 말고 성 잘 내는 누군가가 언젠가는 꼭 내게 오십니다. 내가 남 원망을 잘하면 나보다 훨씬 더 원망 잘 하시는 분이 꼭 내게 오십니다. 내가 남 비판을 자주 하면 언젠가는 나를 비판하는 분이 있으시게 됩니다.

우리는 여행이나 모처럼 사무실이나 집을 옮기어 이상한 분을 만나게 되면 하필이면 왜 저런 분이 내 옆에 왔을까, 하고 탓하기 쉬운데 그 분들은 그 분들 스스로 오시고 싶어 오신 분들이 아닙니다. 모두 '내가 부른 것' 입니다. 내가 원망이 많고 내가 사람됨이 원만하지 못한 까닭에, 그 분들도 오기 싫으시지만 할 수 없이 제 옆에 오셔서 본인도 하기 싫은 그런 모습을 나에게 보이시는 것입니다.

내가 남을 비판하면 남들도 나에게 똑같이 비판을 되돌려 주며, 내가 남을 칭찬하면 남도 나에게 똑같은 칭찬을 되돌려 주시는 것입니다. 내가 미움을 주었기 때문에 미움이 내게 오는 것이며, 내가 원망을 주었기 때문에 원망이 내게 오는 것이며, 내가 괴로움을 주었기에 괴로움이 내게 오는 것이며, 내가 기쁨과 칭찬을 주었기 때문에 기쁨과 칭찬이 내게 오는 것입니다. 이렇게 세상은 한 치의 오차도 없는 것이 인과의 법칙입니다.

그런데 우리는 이 사실을 망각하고 그저 다른 분을 몹쓸 분이라고 원망하며 내 못난 것을 모릅니다. 그 결과 원한은 더 깊어지고 서로 괴로워하고 갈등하는 고달픈 삶은 끝날 날이 없게 됩니다. 나를 괴롭히는 이웃, 환경에서 벗어나는 길은 딴 도리가 없습니다. 나를 음해하고 괴롭히는 분들이 오시면 오실수록, 내 고통이 크면 클수록 아득한 옛날, 어린 탓에 나도 모르게 지었던 그 잘못을 진심으로 뉘우치고 나의 어리석음을 참회하며 받아들여야 합니다. 모든 것을 인정하며 받아들여야 합니다. 때리면 맞고 비난하면 비난을 들어야 하는 것입니다. 그래야만 얽히고 설킨 고달픈 인연의 사슬이 풀리기 시작하며 고뇌는 사라지기 시작하는 것입니다.

세상이 잘못되어 내게 이 아픔이 오는 것이 아니라, 내가 잘못되어 고달픈 삶이 내게 온다는 이 사실을 알아, 이제는 정말로 좋은 인연, 선근(善根)을 심어 나갑시다. 아무리 내게 고통을 가져오고 세상이 아무리 나를 핍박하고 괴롭히더라도, 아무리 내 사정 내 마음 모르시는 저 분들

이 무정하고 섭섭하기 짝이 없더라도, 우리는 온 세상 모
든 생명을 축복하고 내게 오시는 모든 분들을 찬탄과 기
쁨으로 맞이하십시다. 비록 아직도 나의 정성이 미진하긴
하지만, 이 사실을 믿어 의심치 않고 모든 생명을 섬기고
공양해 나갈 때, 해탈은 그저 밤하늘 별빛처럼 멀기만 하
지는 않을 것입니다.

고슴도치 삼 형제

'인간 극장' 이라는 프로가 있습니다. 평범한 우리 이웃의 살아가는 모습을 담은 다큐멘터리인데, 지난 해(2000) YWCA가 주는 '좋은 TV 프로그램' 에서 대상을 받았고, 민주언론운동시민연합의 '올해의 좋은 방송' 에 선정되기도 한 프로입니다.

작년에 '작은 거인들(정확한지 모르겠네요?)' 이라는 이름으로, 유전질환인 선천성 연골무형성증(왜소증, 소위 '난장이'를 말합니다)에 걸린 형제 세 명이 살아가는 모습을 방영한 적이 있는데, 그 후 다시 후편으로 '작은 거인 4형제'를 방영한 것입니다.

저는 작년에 이 프로를 보면서 키가 왜소해 겪는 그 분들의 아픔이 무척 안타까웠던 기억이 납니다. 다만 이 분들이 자신의 모습을 한탄만 하지는 않고, 오히려 서로 의지하며 당당히 살아가는 모습을 보여 주어 대단히 보기가 좋았습니다.

방송이 나간 후 이 분들은 자신의 왜소증을 한탄하거나 부끄러워 하지 않고, '한국 작은 키 모임(http://www.lpk. co.kr)' 이라는 모임을 만들어 자신과 같은 아픔을 겪을 전국의 왜소증 환자 및 가족을 위해 일하고 있다고 합니다.

물론 이 모임을 만들게 되기까지도 어려움이 있었습니다. 우선 이런 모임을 만든다고 할 때 누가 과연 동조할 것이며, 또 그렇게 동조해서 나온 분들이 있다 하더라도 별볼일없는(?) 자신들이 그 분들에게 무엇을 해 줄 수 있을 것인가(생계 해결책 등 실지로 도움될 일)에 대한 회의가 컸지요.

하지만 이 분들은 일단 이렇게라도 해야 그 분들이 희망을 갖지 않겠는가 하여 마침내 '한국 작은 키 모임' 을 만들게 됩니다. 그런데 이렇게 모임을 만들고 보니 의외로 우리 주위에는 비슷한 아픔을 가지고 있는 분들이 많았다고 합니다. 저 멀리 진주에 있는 경상대학에서 열린 첫 모임에서는 그 동안 하지 못했던 여러 이야기들이 쏟아져 나옵니다. 그 중 제게 인상적이었던 것은 젊은 학생들의 부탁의 말씀이었습니다.

자신과 같은 왜소증을 가진 자녀를 두신 부모님들은 자식들에게 미안한 마음을 가질 필요가 없고, 그리고 자꾸 그런 사실을 남에게 숨기려 들게 아니라 당당히 밝히고 그렇게 살아가도록 내버려 달라는 내용이었습니다. 자기들은 아무런 마음의 불편, 장애가 없는데 괜히 옆에서 눈물 흘리고 안타까워하니 그것이 더 부담스러웠다는 것이지요. 형제들은 그 외에도 자신들을 도와주신 분들에 대한 보답의 뜻으로 외로운 할머니 할아버지를 위한 무료 공연도 가는 등, 몸은 비록 왜소하지만 제목 그대로 '작은 거인'으로 살아가고 있습니다.

장애는 누구나 가지고 있는 것인데, 우리는 스스로의 장애는 보지 못하며 남의 장애를 비웃고, 또 외관으로 드러나는 장애를 가지신 분들은 얼마든지 그 한계를 벗어나는 길이 있는데도 불구하고 어렵게들 살아가십니다. 참 안타까운 일입니다. 실지로 이런 장애를 벗어 나는 길이 분명히 있습니다. 그 첫 단계는 바로 '자신의 장애를 솔직히 인정하는 것'입니다.

못나고 불편하고 남에게 불쾌감을 주고 자신의 마음에조차 들지 않는 자신의 신체적 결함을, 당당히 있는 그대로 인정하는 것이지요. 자신이 동성애자임을 떳떳이 밝히는 것을 '커밍 아웃(coming out)'이라 합니다. 밖으로 나온다는 뜻이지요. 바로 이 '커밍 아웃'을 하는 것입니다. '한국 작은 키 모임'에서 학생들이 주문하였던, 나 자신의 모자란 점을 솔직히 밝히고 당당히 살아가게 내버려두라는 부탁의 말씀이 바로 이런 것이지요. 숨기려고만 들면 끝끝내 암흑이지만 밝히면 그 자리가 바로 환한 대낮입니다.

그와 동시에 남들이 그런 자신을 멀리 하는 마음이 아무래도 생기는 것을 당연한 것으로 받아들이는 것입니다. 나를 정상인과 똑같이 대우해 달라든지, 왜 불편한 사람을 위해 이 나라 이 사회는 관심을 갖지 않느냐는 등의 원망은 아예 하지 않는 것입니다. 그런 원망은 그렇지 않아도 불편한 나를 더 비참하게 만들 뿐입니다.

그 대신, '저 사람들이야 나 같은 장애가 없으니 나의 불편함을 모르는 것은 당연하고, 또 내가 저 사람들과 똑같이 잘할 수는 있지만 그것은 어디까지나 내 입장이고, 인정하지 않는다면 어쩔 수 없는 것 아니냐. 또 이 사회가 장애인에게 그 정도로 신경쓸 정도면 이미 우리 나라는 선진국이게? 아서라! 다른 데 신경 쓸 데 많은 이 나라(國家)니 내가 그렇게 이해해 주어야지!' 하며, 나를 인정하지 않고 나를 불편하게 하는 저 이웃들을 오히려 너그럽게 받아들이는 것입니다. 이것이 나의 장애를 벗어나는 첫 마음가짐입니다.

실지로 고슴도치 형제들은 어릴 때 남과 다른 모습에 고뇌만 하다가, 남들이 자신의 그런 모습에 흥미를 느끼는 것을 알고 우연히 만난 분에게 춤을 배워 그 모습 그대로 춤을 춤으로써 소외감을 벗어나고 자신들의 생계마저 해결하게 되었던 것입니다.

형제 별명도 다른 분들이 웃으시라고 일부러 우스꽝스럽게 '고슴도치'라고 스스로 붙이셨지요. 불교적으로 말하면 스스로 '하심(下心, 스스로를 낮추는 것)' 하신 것입니다. 만약 이 분들이 자신을 보고 웃는 주위 분들에게 원망과 분노만 보냈더라면, 생계는커녕 정상적인 삶 자체가 힘들었을 것입니다.

둘째는, 현재 상태로 내가 할 수 있는 것이 무엇인가를 스스로 찾아보는 것입니다. 우리는 흔히 자신을 너무 과대평가하기도 쉽지만, 그 반대로 과소평가하기도 쉽습니다. 우리가 비록 미약하고 보잘것 없는 존재 같지만, 찾아보면 분명히 내 스스로도 살고 남도 도울 수 있는 일들이 얼마든지 있게 마련입니다.

그런데 우리는 지레 겁을 먹고 우리 스스로를 비하하여 그냥 보잘것 없는 이로 되어 버립니다. 그러니 마냥 그런 한스럽고 안타까운 삶을 살아가게 되는 것입니다. 몸이 불편한 것만 해도 억울(?)한데, 마음마저 그렇게 가난하게 되어 버리는 것입니다. 얼마나 한탄스런 일입니까. 생각을 조금만 바꾸고 세상을 보면, 어떤 경우에도 우리가 할 수 있고 또 남을 위해 해야 할 일은 반드시 있습니다.

'오체불만족' 이란 책으로 유명한 일본의 청년 오토다케는 이렇게 말합니다.

"내가 이렇게 태어난 것은 이런 몸으로 반드시 해야 할 일이 있기 때문이라고 생각한다."

오토다케는 이런 생각으로 건강한 마음으로 당당히 자라나 실지로 우리에게 감동을 주며 자신도 남에게 희망을 주는 삶을 살아가고 있습니다. 오토다케의 말처럼, 우리에게는 분명히, 장애가 있거나 없거나, 해야 할 일이 있는 것입니다. 다만 우리가 찾지 못하고 있을 뿐입니다.

나에게 온 장애를 내가 훌륭히 극복하면, 나와 똑같은 장애를 가진 분들에게 너무도 큰 힘이 됩니다. 내 비록 장애로 이 큰 고통 겪고 있지만, 알고 보면 나는 못나고 보잘것 없는 사람이 아닌 것입니다. 어쩌면 우리는 고통을 겪고 있는 다른 분들에게 희망을 주기 위해 온 사람[이들을 불교에서는 '보살(菩薩)'이라고 부릅니다]인지도 모릅니다. 헬렌 켈러 여사를 보십시오. 호킹 박사를 보십시오.

장애를 이렇게 받아들일 때, 장애는 더 이상 내게 힘을 쓰지 못합니다. 나를 괴롭히는 이 장애는 언제부터인가 나를 유명(?)하게 만들고 남에게 희망을 주는, 축복으로 바뀌게 되는 것입니다. 신체가 불편하여 어려움 겪는 우리 장애 부처님들!

　우리가 이 사실을 알 때 장애마저 축복이 됩니다. 어찌 이런 축복을 한숨으로 보낸단 말입니까? 우리 모두 눈을 뜹시다. 이 밝은 진리를 깨달아, 나를 짓눌러 왔던 지난 날 장애에서 벗어나고 더 이상 장애에 얽매이지 맙시다. 그리하여 몸과 마음 모두 자유로이, 본래 밝은 모습으로 우리 모두 한 마음 되어 밝은 날을 살아가십시다. 고슴도치 형제분들, 정말 멋있습니다. 화이팅!!!

깡패 법문

깡패가 하나 있었습니다. 오래간만에 한가한 아침에 식사 잘 마친 이 깡패는 흥에 겨워 모처럼 산책을 나갑니다. 그런데 산보 길에 친구깡패 하나를 만납니다. 친구는 이 깡패를 보고 인사합니다.

"야, 이 개XX야! 밥 잘 처먹었냐?"

깡패는 모처럼 기분 좋은 아침에 인사를 욕으로 들으니 화가 불끈 납니다. 그래서 자신도 욕으로 대꾸합니다.

"그래, 잘 먹었다. 이 XX놈아!"

그 말을 들은 이 깡패 친구는 자기가 먼저 욕한 것은 까맣게 모르고, 자기 딴엔 호감으로 아침 인사라고 했는데 욕을 들으니 또 기분 나쁩니다. 그래서 이 친구도 말합니다.

"아따, 그 XX, 주둥이 하나 되게 더럽네."

이 말에 또 이 깡패는 발끈합니다. 결국 이 깡패와 깡패 친구는 아침 잘 먹고 서로 욕만 실컷 하다가 헤어집니다.

친구 깡패와 헤어진 이 깡패는 기분이 몹시 나쁩니다.

아주 간만에 기분 좋게 밥먹고 산책하는데 인사라고 욕을 들었으니 말입니다. 그렇게 투덜대며 가는데 이 번엔 언젠가 엄마 손 잡고 가 본 적이 있는 절이 생각납니다. '에라, 기분도 나쁜데 부처님이나 보러 갈까.' 해서 깡패는 절을 향해 걸음을 옮깁니다.

절에 도착한 깡패는 놀라운 광경을 봅니다. 마침 기도를 마친 스님이 나오시는데, 보는 이마다 스님께 합장을 하며 "스님, 공양 잘 하셨습니까." 또는 "성불하십시오."라는 덕담을 하시는 것이었습니다. 맨날 만나는 이라야 자기 같은 깡패밖에 없던 이 깡패는, 그 광경을 보고 심각한 고민에 빠지기 시작합니다.

'나는 만나는 사람마다 나를 이용하려거나 시비 거는 사람, 욕하는 사람뿐인데, 어찌 저 스님은 만나는 분마다 공경을 드리고 찬탄을 하는가? 저 스님이나 나나 똑같은 사람인데 왜 다른 분들이 저렇게 다르게 대하는가?' 평생을 폭력을 쓰지 않으면 남에게 대접받아 본 적이 없는 이 깡패로서는 무척이나 충격적이었던 일일 것입니다.

한 나절을 고민하던 이 깡패는 드디어 그 이유를 알게 됩니다. 그 이유는 무엇이겠습니까? 모든 사람들이 나를 무시하고 나를 속이고 나에게 시비 걸고 나를 괴롭히고 욕을 퍼붓던 것은, 자기가 바로 깡패였기 때문이었던 것입니다. 깡패니까 깡패 같은 사람밖에 주위에 없고, 깡패니까 깡패 대접만 그 동안 받아 왔던 것입니다. 내가 깡패니까 오늘도 깡패 친구를 만난 것이고, 깡패니까 인사라고 나온 말이 고작 욕밖에 없었던 것입니다. 평소에 욕밖에 해 본 적이 없으니 어찌 공경스런 말이 나왔겠습니까!

　이 사실을 알게 된 이 깡패는, 다시는 자기에게 욕하는 친구 깡패를 원망 않기로 합니다. 내가 깡패였기 때문에 친구는 모두 깡패가 온 것이고, 내가 깡패 짓밖에 안 했기에 남들도 나에게 똑같이 깡패 이상으로 대접하지 않은 것을 확연히 안 이상, 남을 탓하고 원망할 필요가 전혀 없었기 때문입니다. 내가 깡패 짓을 그만 두지 않고 내가 욕을 하지 않고 내가 남을 공경하는 그런 깡패 아닌 삶을 살지 않는 한, 영원히 이런 짓거리, 이런 대우를 받지 않고 살 수는 없다는 것을 확실히 알게 된 것이지요.

　이 깡패는 이후 아주 사람이 달라졌다고 합니다. 세월이 많이 흐른 후 과거 깡패였던 이 분에게 점점 깡패 같은 일들은 다시는 일어나게 되지 않게 되었고 오히려 주위 사람들에게 존경과 공경을 받게 되었다나요?

개과천선

　우리는 흔히 어떤 분이 눈물을 흘리고 참회를 하면 같이 감격합니다. 아! 저 분이 드디어 마음을 고쳐 먹었구나! 저 분이 드디어 개과천선했구나! 그리고 응당 그런 분은 앞으로 우리를 전혀 실망시키지 않을 그런 삶을 살 것이라고 생각합니다.

　그러나 맹세는 쉬워도 실천은 쉽지 않습니다. 개과천선의 눈물을 흘리기는 쉬워도 개과천선의 삶을 살기란 보통 어려운 것이 아닙니다. 그것은 그만큼 그 동안의 잘못이 큰 탓입니다. 그런 지난 날을 만회하기 위해서는 여간 노력을 하지 않으면 안 되는 것입니다.

　한 방울의 폐수로 오염된 물을 깨끗이 정화하는 데도 그 수백 배가 되는 물이 필요한데, 하물며 우리도 모를 아득한 옛날부터 지어 온 업장을 해소하는 데는 무슨 말을 더 하겠습니까?

　그런데도 우리는 조금 노력하다 안 되면 곧잘 실망하고

남을 탓합니다. '노력해도 안 되더라', '나는 역시 안 돼' 이런 말로 스스로를 변명하며 다시 나락의 삶으로 떨어지고 맙니다. 개과천선의 눈물은 먼 옛 일이 되고 맙니다. 이래 가지고는 어디 가서 '나 마음 고쳐 먹었다' 하는 소릴랑은 아예 하지 말아야 합니다. 그런데도 우리는 수없이 후회의 눈물을 흘리며 수없이 그럴듯한 포장을 하고 있습니다.

며칠 전 신문에는 대도(大盜)라 불리우던 분의 이야기가 실렸습니다. 이 분은 다들 아시다시피 물건을 훔치는 일을 그만 두고 신앙심도 돈독해져 교회를 짓고 선교활동까지 하시던 분입니다. 노숙자들에 대한 관심도 많으셔서 주위 분들도 다들 이제는 다른 분이 된 줄로 믿고 있던 분입니다. 그런데 이 분이 일본에서 다시 물건을 훔치다 총을 맞고 검거되었다는 것입니다. 저간 사정이야 자세히 알 수는 없지만 습(習)을 끊기가 이렇듯 어려운 것입니다.

'개과천선!' 듣기는 참 좋은 말입니다. 하지만 수백 번의 맹세도 단 한 번 실지 개과천선의 삶을 사는 것보다 못합니다. 실지로 그런 삶을 사는 것은 그렇게도 어려운 것입니다. 지난 날을 후회하고 뉘우치는 통한의 눈물도 중요하긴 하지만(왜냐하면 그것마저 없으면 정말 희망이 없으므로) 그것은 누구나 흘릴 수 있습니다. 말은 누구나 할 수 있습니다. 그러나 실지로 통한의 삶을 보상하며 살기는 쉽지가 않은 것입니다. 정말 중요한 것은 다시는 그런 삶을 살지 않는 것입니다.

나의 눈물로 남의 가슴이나 후리지 말고, 스스로는 나를 속이지 않아 반드시 새로운 삶을 진짜로 한번 살아 봅시다.

끝없는 중생공양

중생 공양은 끝이 없습니다. 올려도 올려도 끝이 없는 것이 중생 공양입니다. 그것은 중생의 수가 끝이 없고 중생의 어리석음이 끝이 없고 중생의 번뇌가 끝이 없기 때문입니다. 따라서 중생의 업도 끝이 없고 보살의 원도 끝이 없는 것입니다….

우리는 흔히 남이 조금만 성의를 보이지 않아도 곧잘 실망하곤 합니다. 실제로 보면 우리 스스로가 뭐 그렇게 대단한 정성을 보인 것도 아닌데, 자기가 조금만 손해 본 듯 싶으면 또는 자신의 기대만큼 반응이 없으면 곧잘 남을 탓하여 실망하기도 합니다. 하지만 우리가 부처님의 일생을 볼 때면 부처님의 중생 공양은 정말 대단했다는 것을 알 수 있습니다.

부처님이 성도하신 후 처음으로 전법하실 때, 다섯 비구들은 저 멀리 녹야원에 계셨습니다. 성도하신 부다가야에서 녹야원까지는 장장 250여 km나 되는 먼 거리! 부처님은 다섯 분에게 당신의 깨달음을 전하기 위해 그 먼 길을 어린 아이처럼 기뻐하시며 걸어가십니다.

생각해 보십시오! 지금이야 그 정도 거리가 얼마 아닐지 모르나 부처님 당시에는 만만한 거리가 아니었을 것입니다. 그런데도 부처님은 오직 한 가지 이유 중생을 구제하겠다!는 그 한 마음으로 그 먼 거리를 아랑곳하지 않으시고 산을 넘고 물을 건너 기어코 가시고야 맙니다. 그리하여 수자타의 우유죽 공양을 받았다는 이유로 타락했다며 뿌리치는 다섯 비구에게 마침내 감로수를 주시고야 맙니다.

부처님의 전법의 삶은 결코 순탄하지 않은 것이었습니다. 비구 수만 하더라도 처음엔 고작 50여 명. 그 큰 깨달음을 가지고도 전법은 그토록 쉽지가 않았던 것입니다. 나중에 가섭 삼형제의 귀의를 받고 나서야 천 여 명에 달하는 제자를 거느리시게 됩니다. 또한 부처님은 그 당시 지식인들이나 종교인들에게서 따돌림도 많이 당하셨습니다. 심지어 욕설도 들으시고 비방도 많이 받으셨지만 부처님은 그 모든 것을 다 이겨내셨습니다. 그 험한 환경, 그 모진 삶 속에서도 부처님은 기어코 일체 중생들에게 당신의 깨달음을 공양 올리신 것입니다! 이런 부처님을 생각하면 조그만 일에도 쉽게 싫증내고 피곤해 하며 좌절하고 남을 원망하는 저희들은 참으로 부끄럽기 짝이 없습니다. 우리는 중생 공양을 얼마나 쉽게 포기합니까? 내가 열심히(?) 봉사했는데도 남이 알아주지 않는다고, 내가 열심히 노력했는데도 만족할 만한 성과가 없다고 얼마나 많이들 원망하고 포기합니까? 이런 태도는 여법히 중생 공양을 하는 모습이 아닐 것입니다.

겨울이 지나고 봄이 올 때면 태양은 대지 위에 끝없이 작열합니다. 처음엔 아스라히, 그러나 시간이 지나면서 점점 더 강열하게 산하를 비춰 줍니다. 그러나 태양이 하루 비췄다고 봄이 당장 오지는 않습니다. 그 깊은 얼음이 녹지도 않습니다. 하루 이틀, 끝없이 해는 뜨고 지며 봄을 가져 온 후에야 비로소 산하는 짙푸른 봄빛을 발하게 되는 것입니다. 그것은 겨울이 그만큼 길고 어두웠기 때문입니다….

중생 공양도 그와 같습니다. 이 넓은 우주가 모두 중생의 업력에서 비롯되었다고 경에 설해질 정도로 중생의 어리석음과 업은 깊고도 넓습니다. 그 깊은 중생의 어리석은 업이 우리의 잠깐 공양으로 사라질 까닭이 없는 것입니다. 그러므로 중생 공양은 우리의 목숨이 몇 십, 몇만 번을 더 하더라도 나아가야 할 끝없는 길입니다.

중생 공양은 퍼부어지는 것입니다. 이유를 따지고 성과

를 따지고서야 참다운 중생 공양은 이루어지지 않습니다. 저 중생이 알든 모르든, 깨닫든 못 깨닫든 내 정성이 성과가 있든 없든, 오로지 우리는 공양을 올리고 또 올리는 것뿐입니다. 그것은 중생의 번뇌가 끝이 없는 까닭이요, 내 마음이 다하지 않은 까닭이요, 내 생명이 본래 뜨거운 까닭입니다….

중생 공양! 그것은 모든 부처님이 이 땅에 오신 이유일 것입니다. 우리도 부처님같이 큰 자비와 보리심으로 조금도 지치지 말고, 어느 한 중생도 성불하지 못하시는 분 없을 때까지, 다함없는 자비심과 정성으로 끝없는 중생 공양 나아가시기를, 시방세계 불가설불가설 부처님 전에 발원 드려 봅니다.

"그러니까 당신도 살아!"

　자신의 어린 시절 아픔을 적은 '그러니까 당신도 살아'
라는 책으로 베스트 셀러 작가가 된 오히라 마쓰요는 비
행청소년 출신입니다. 중학교 때 왕따를 당하여 할복 자
살을 기도한 후 외로움을 견디지 못해 방황하다 중학교를
중퇴한 뒤 10대의 어린 나이에 야꾸자 보스의 부인이 되
기도 합니다. 20대 초반에는 술집 호스티스로 일하다 우
연히 그 집에 사업 접대 차 들린 아버지의 친구를 만나, 비
로소 마음을 바로잡고 공부를 하여 변호사가 되는 오히
라. 이 후 자신의 경험을 토대로 주로 비행청소년 상담 및
변호를 맡아 일하는 오히라는 이제 일본에서 가장 유명한
여성의 한 사람이 되어 절망에 빠진 이들에게 희망을 주
고 있습니다.

　그녀는 제가 보기에는 중생 구제를 위해 온 보살의 화신
입니다. 그런데 왜 그런 수모를 겪었을까요?

　그것은 그렇게 하지 않고는 원만한 청소년 구제가 이루

어지지 않기 때문입니다. 오히라가 그 고생을 해 봤기 때문에 원만한 구제가 이루어지는 것입니다.

만약 그녀가 그 어린 나이에 그런 고통을 겪지 않았다면 피해자에게도 가해자에게도 별 설득력을 가지지 못했을지 모릅니다. 그녀가 용기를 내라고 하면 아마 피해자는 이렇게 말했을 것입니다. "당신이 우리 고통에 대해 뭘 알아?"

또 가해자에게 그런 짓이 얼마나 큰 아픔을 주는지에 대해 말한다면 그들은 또 이럴지도 모릅니다. "당신이 겪어 보지도 않고 어찌 그리 잘 알아?"

그러나 오히라는 왕따를 실지로 당해 봤기 때문에 왕따를 하는 가해자에게 피해자의 아픔을 생생히 전달할 수 있으며 피해자들에게도 희망을 줄 수가 있는 것입니다. 더욱이 그녀는 절망을 딛고 뜻한 바를 실지로 이루었기에 절망에 빠진 이들에게 "그러니까 너도 살아 봐!"라고 외칠 수 있는 것입니다. 그리고 그런 그녀를 보고 모두들 아! 나도 희망이 있구나! 나도 한 번 노력해 보아야겠다, 라는 생각을 하게 되는 것입니다.

만약 왕따를 당하지 않고 죽음을 생각지 않고, 야꾸자의 아내가 되고 미친 듯이 삶을 살아보지 않았었다면 어찌 그녀의 말 한 마디 한 마디가 그렇게 심금을 울리며, 어찌 저렇게 많은 사람이 감동을 받겠습니까? '죽을 용기로 정말 한 번 잘 살아보라'는 그녀의 말에 절망에 빠진 이들이 희망을 갖겠습니까?

몰라서 그렇지 그녀의 그 동안의 고통은 아픈 이들을 가장 원만한 방법으로 구하기 위한 자기 희생이 아닐 수 없습니다. 오히라는 스스로의 삶을 시궁창에 던짐으로써 시궁창에 빠진 이들이 회생할 수 있는 전기를 마련해 준 것입니다.

중생을 구하려는 보살의 자비는 이토록 가슴 아리는 것입니다. 비록 보살로 왔지만 생을 받으면 까맣게 잊어 버립니다. 성공은 겁 이전에 이미 약속되어 있었지만 보살은 이를 모른 채 자기 목숨을 겁니다. 그리하여 보살은 감당하기 어려운 고통을 보살은 겪은 연후에야, 즉 오히라처럼 죽음을 각오한 고통을 겪은 뒤에야 비로소 축복이, 그것도 맹세코 이겨 내어야 오는 것입니다. 이 과정에 서원을 이루지 못하고 중도에 꺾이는 경우도 허다합니다. 그 업은 고스란히 서원을 발한 보살의 몫입니다. 이 모든 것을 각오한 것이 진정한 보살의 자비인 것입니다.

행여 어려운 시절에 고통 받을지 모르시는 여러분! 여러분들이야말로 바로 중생 구제를 위해 오신 오히라같은 분들인지 모릅니다. 또한 지금 겪는 고통은 더 많은 분들에게 축복을 주기 위한 서곡일지도 모릅니다. 그러므로 여기서 꺾이거나 물러나서는 안 됩니다. 더 큰 용기와 힘을 내어 기어코 이 고비를 넘겨야 합니다. 그래야만 내가 아득한 세월, 겁 이전에 세웠던 서원을 금생에 실현시킬 수 있는 것입니다.

밀려 오는 고통은 모두 뒷날 중생의 복밭이 되기 위한 축복일지니, 우리는 고통에 속지 말고 기어이 보리 이루어 모든 힘든 이들의 희망이 되어야 하겠습니다.

청불주세(請佛住世)

『화엄경』「보현행원품」에는 부처님이 이 세상에 머무르기를 청하는 '청불주세'에 관한 말씀이 있습니다. 여기에는 이렇게 되어 있습니다.

"선남자*야, 수많은 부처님과 보살들, 그리고 성문·연각·유학·무학 내지 일체 선지식*께 내가 참으로 청하옵되 '열반에 들지 마시고 수없는 세월 동안 일체 중생을 이롭게 하여 주소서.' 라고 청한다."

부처님은 열반을 하지 말아달라는 수많은 제자들의 요청에도 결국 열반에 드십니다. 이처럼 열반은 피할 수 없는 것인데 왜 행원품에는 부처님이 열반에 드실 때 열반하지 말기를 청하는 것일까요?

여기에는 두 가지 뜻이 있는데 오늘은 그 중 하나만 말씀드리기로 합니다.

선남자 | 깨달음을 구하는 구도자를 일컫는 말
선지식 | 바른 진리를 가르쳐 주는 사람

우리가 열반에 들지 말기를 간곡히 청하는 것은, 간절한 중생의 요청이 있을 때는 일체 불보살·선지식들이 실지로 열반을 잠시 늦추시기 때문입니다. 일체의 불보살·선지식들은 자비심에서 이 세상에 나오셨고 자비심에서 열반에 드시는 것이므로, 중생이 슬퍼하고 안타까워하면 자신의 열반을 '영원히'는 아니지만 '잠시 동안'은 늦춰 주시는 것입니다.

실지로 부처님이 열반에 드시기 몇 달 전 아난에게 넌지시 이런 말씀을 세 번이나 던지십니다.

"아난아, 내가 얼마 후 열반에 들려 하는데, 네가 들지 말라면 안 들겠다."

그런데 문제는 아난이 이 말씀을 못 알아들은 것이었습니다. 부처님이 이 말씀을 은밀하게 말씀하신 탓도 있겠지만 어찌된 일인지 아난은 세 번이나 거듭하신 이 말씀을 못 듣고 청불주세의 요청 기회를 놓치고 맙니다. 이 후 석 달 후에 열반에 드시겠다는 부처님의 말씀에 그 때서야 눈물을 흘리고 애원(?)하지만 부처님은 그 때 네가 말을 했어야 했다시며 결국 열반에 드시고 맙니다.

모든 일은 때가 있습니다. 때를 놓치면 이렇듯 돌이킬 수 없는 회한을 남기게 되는 것이지요. 아난은 자신의 불찰을 뒤늦게 뉘우치지만 이미 때는 늦었던 것입니다. 우리가 늘 깨어 있어 때를 놓치지 않고 간곡히 청불주세를 원하면, 이 세상 어느 불보살님도 그냥 열반에 드실 분은 안 계십니다. 이 사실을 우리는 똑똑히 알아야 합니다. 그리하여 때를 놓치지 말고 꼭 우리 곁에 좀더 머물러 주시기를 청하여야 합니다.

선지식만 아니라 부모님도 마찬가지입니다. 부모님은 자식에게는 둘도 없는 선지식이십니다. 부모님만큼 우리를 목숨 걸고 길러 주시고 가르쳐 주시는 분이 어디 있겠습니까? 그리고 그렇게 길러 주시는 분이 바로 제방의 선지식 아니십니까? 그러므로 부모님 역시 자식에게는 선지식이라, 자식들이 간절히 열반에 들지 말기를 청하면 부모님은 잠시나마 우리 곁에 있어 주시는 것입니다.

행여 열반에 드시려는 부모님이 계시면, 가슴 아리도록 모든 정성 다해 ‘열반에 들지 마시고 저희들을 위해 이 땅에 좀더 머물러 주시옵소서’ 라고 청하여 보시옵소서. 자식들의 염원이 깊으면 깊을수록, 부모님은 열반을 잠시 멈추시고 저희들 옆에 다시 오셔서, 못 다한 정을 좀더 나눠주신 후에야 이 땅을 떠나실 것이니, 청불주세의 법문을 우리는 잊지 않아 늘 부모님, 선지식들이 저희 곁에 오랫동안 머무르시기를 발원 드려야 하겠습니다.

부모님이 열반하실 때

회자정리(會者定離)라, 아무리 다정했던 분들이라 하더라도 이별은 피할 수가 없는 법입니다. 우리를 낳아 주시고 길러 주신 부모님도 예외가 아닙니다. 어리고 철없던 때는 몰랐을지라도 이제 우리도 다 자란 지금, 늙고 병든 부모님을 어떻게 모셔야 할지 잠시 생각해 봅니다.

첫째는 부처님 말씀을 자꾸 들려 드리는 것입니다. 변하는 것은 겉모습뿐 닦지 않은 그 마음은 어릴 때나 늙을 때나 어리석음과 집착을 떨쳐 버릴 수가 없습니다.

그러므로 부처님 눈부신 광명을 부모님께 환히 비춰 드려야 합니다. 그것은 바로 '독경과 염불'입니다. 젊을 때 부처님 인연 지은 분들이라 하더라도 나이가 들면 혀가 굳고 귀가 잘 들리지 않아 염불이 점점 힘들어 지는데, 하물며 평상시 부처님 법 닦지 못한 분들은 말할 필요도 없습니다.

이런 어려운 부모님을 위해 할 수 있는 가장 좋은 방법은 부모님의 가장 가까운 핏줄, 즉 자녀들이 병든 부모님 옆에서 대신 염불해 드리는 것입니다. 비록 부모님들이 따라 하시지는 못하더라도 자식들의 염불과 독경 소리를 듣는 것만으로도 공덕이 한량 없습니다. 염불과 독경은 열반 후에도 마찬가지입니다. 눈물 흘리고 슬퍼하기보다는 눈물이 일 때마다, 그리고 슬픔이 북받칠 때마다 부처님께 지극한 정성을 바쳐야 합니다.

둘째는 마음을 편하게 해 드려야 합니다. 용돈도 좀 넉넉하게 드려 궁핍한 마음을 덜고, 웬만한 것은 '네!' 하는 마음으로 받아 넘겨 마음 한 구석에 한(恨)이 남지 않게 해 드려야 합니다. 모든 것은 끝이 매우 중요하기 때문이지요.

셋째는 발원을 드려야 합니다. 생이 있으면 죽음은 반드시 있는 법. 또한 과거는 흘러야 미래가 오는 것입니다. 그러므로 이제 인연이 다해 떠나시는 부모님을 너무 안타까워할 필요는 없습니다. 그 대신 부모님들이 다함 없는 부처님 품에서 생전의 모든 업장 해소하시고 다음 생도 인간 몸 받아 세세생생 부처님 시봉 잘하게 되기를 발원 드려야 합니다. 오로지 원을 바치고 또 바칠 뿐입니다.

끝으로 우리가 꼭 간직해야 할 것은 부모님이 몸을 버리시면서까지 어린 자녀들을 위해 베푸시는 그 지극한 사랑, 그 애틋한 무상(無常)의 법문입니다. 부모님은 무상한 이 세상을 무상하지 않은 줄 알고 재물에, 욕망에 노예가 되어 허망하게 살아가는 저희들에게 당신의 가장 아끼는 몸을 버리시면서 이렇게 설하시며 먼 길을 떠나십니다.

"세상은 그렇지 않다. 무상한 것이다. 닦지 않으면 회한과 슬픔만 남기고 가느니라. 방일하지 마라. 그리고 아직 늦지 않을 때 어서 닦아라!"

저희 앞에 슬픔으로 누워 계시는 사랑하는 부모님은 바로 그렇게 설하고 계시는 것입니다. 그렇지만 우리는 상을 당한 기간 얼마 동안만 슬퍼하고 괴로워 할 뿐, 조금만 시간이 지나면 조금도 달라지지 않고 웃고 떠들고 취하고 어제와 똑같이 꿈처럼 살아갑니다. 얼마나 안타까운 일입니까!

우리는 슬픔을 정진의 계기로 삼아, 부모님이 우리를 위해 설하신 최후의 법문을 헛되게 하지 말아야 하겠습니다.

안철수 바이러스 연구소장

안철수 소장의 안티바이러스 연구소가 곧 코스닥 등록이 된다고 합니다. 거래 가격도 초강세여서 5대 투신사들은 등록 후에도 적어도 한두 달 간은 팔지 않기로 자체적으로 정했다고 합니다.

안철수 소장은 이외에도 '말 잘하는 대표적 한국인' 여덟 사람 중의 한 사람(신동아 2001년 3월호)으로 뽑히기도 했는데, 선정 이유는 '전심전력으로 진심을 전하는' 안소장의 태도 때문이라고 합니다. 또 어느 인터넷 컨설팅 업체가 벤처 종사자들을 상대로 조사한 설문 조사에서 압도적인 비율로 '가장 존경하는 CEO 1위'로 뽑히기도 했다고 합니다.

안소장을 만나는 사람들은 누구나 비슷한 느낌을 갖는 것 같습니다. 의사 출신으로 굉장히 엘리트적 자존심이 강할 것 같지만(서울의대를 우수한 성적으로 졸업했습니다.) 수수한 외모에 겸허한 모습, 그리고 말은 사실 그렇게 잘

하는 것(?) 같지는 않지만 누구한테나 마음을 열고 진솔하게 대하는 태도, 온 몸에 밴 성실함에 이웃집 아저씨 같은 포근함과 신뢰가 일어나는 것 같습니다.

그리고 인터넷이 거의 일반화된 요즘, 바이러스 백신을 이용하면 큰 돈을 벌 수 있을 텐데도 '이윤을 추구하지 않는 개인에게는 굳이 돈을 받지 않는다'는 경영 방침으로 수많은 네티즌들에게 무료로 백신을 공급하고, 몇 년 전 연구소의 미래를 예측한 어느 외국 회사가 그 해 매출(10억)의 열 배가 되는 백억 원을 주며 연구소를 넘기라고 했을 때 외국 자본에 우리들이 쓰는 백신을 넘길 수는 없다며 단호히 거부한 모습들은 정말 존경심을 갖게 만듭니다.

제가 보기에 안소장의 이런 성공과 겸허한 모습은 두 가지에 기인하는 것 같습니다.

첫째는 선대(先代)의 선업(善業)입니다. 안소장의 부친은 내과 의사이시며 안소장이 어렸을 때부터 돈을 벌기보다는 무료 진료에 힘쓰셨다고 합니다.

안소장이 고교 때 진로 결정에 망설일 때도 공부 잘한다고 굳이 당신의 직업인 의사를 고집하지 않으시고 아들의 선택에 맡겼다고 합니다(지금도 그렇겠지만 이 때는 공부 잘하면 전부 법대 아니면 의대 갔었지요). 아마 일차적으로 부친의 이런 어질고 고운 마음이 당신의 아들을 이렇듯 훌

류하게 만드신 것 같습니다.

둘째는 안소장 자신의 과거 선업입니다. 불혹이 채 안 된 안소장은 자신은 아직 종교가 없다고 하지만 제가 보기에 안소장은 과거 여러 생 닦으신 분입니다. 불연(佛緣)이 대단히 깊습니다. 외모도 그렇고 생각하는 것도 그렇고 마음 씀씀이도 그렇습니다. 어린 나이에(죄송합니다. 안소장님!) 저렇듯 어질고 겸허하고 너그러운 모습은 여러 생 닦지 않고는 도저히 나오지 않는 모습이니까요!

이번 생은 아마 승려가 아닌 다른 방법으로 중생 공양하러 오신 것으로 보입니다. 워낙 많이 닦으신 분이니 좋은 부모님도 만나고 좋은 학교도 가고 좋은 배필도 만나고 그러셨겠지요.

"사람은 별(星)의 먼지로 만들어졌다고 합니다. 그런 먼지가 모여 식물도 되고 삼라만상을 형성하죠. 그러다가 소멸하면 다시 몇 백 가지 원소로 흩어집니다. 저는 내세를 믿지 않아요. 남에게 도움이 되는 삶을 살고 먼지로 돌아가는 게 맞다고 생각해요."라고 말하는 우리 안소장. 이런 안소장의 말에도 벌써 부처님 법 닦은 이가 아니면 할 수없는 이야기가 숨어 있습니다(다음에 기회가 되면 말씀 올리지요).

저는 개인적으로 우리 안소장께서 조만간 부처님 법에

귀의하셔서 내세를 알고 다시 불멸의 진리에 눈뜨셨으면 하는 생각입니다. 물론 타종교에도 불멸의 진리가 있겠지만 저는 우리 안소장이 여러 생을 닦던 부처님 법에 귀의하시는 것이 금생에 중생 공양 하기가 더 쉽지 않을까 합니다.

그리고 삶의 비밀, 우리는 왜 태어나며 세상의 차별상은 왜 있는지, 그리고 우리는 어떻게 만나고 헤어지며 지금 나의 행복은 무슨 의미를 가지는지를 알고 나면 훨씬 더 원만한 중생 공양 이룰 수 있을 것 같습니다.

안소장께서야 저의 이 말을 이해하실지 모르지만, 언제나 겸허하며 자신의 영광을 온 중생들과 같이 나누는 이 훌륭한 화신(化身)보살*님이, 얼른 부처님 법에 귀의하여 더 원만한 중생 공양 이루시게 되셨으면 정말 좋겠습니다.

화신보살 | 중생 구제의 큰 뜻을 품고 중생의 모습으로 오신 보살.

아이는 우리를 찾아 온 부처님

이제 청소년기에 있는 제 아이들은 아무 걱정 없이 놀던 어릴 때가 가끔은 그리운가 봅니다. 학교 생활에 지칠 때면 가끔 이런 말을 합니다.

"어릴 때가 좋았어!".

이 때마다 저는 무슨 큰 비법이라도 있는 양 아이들에게 말하지요.

"다시 어릴 때로 돌아가고 싶지?"

이런 제 말에 아이들은 "네" 하고 답하고는 눈을 반짝이며 제 다음 말을 기다립니다. "너희들이 나중에 너희 같은 아이들을 낳게 되면 그 때 다시 돌아 갈 수 있단다!"

무슨 대단한 비법이라도 나올 줄 알았던 아이들은 저의 이 말에 피이 웃음을 터뜨리며 어처구니없어 합니다. 이런 일이 몇 번 반복되다 보니 이제는 제가 어릴 때로 돌아가고 싶느냐는 말만 나오면 피이 하며 저를 상대도 하지 않지만요.

아이들은 우리를 찾아 온 부처님입니다. 우리는 아이들을 통해 잊어 버렸던 어릴 때 그 고운 마음들을 다시 되살리게 되고, 아이들을 통하여 기억도 가물가물한 어린 시절을 다시 가게 됩니다. 아이들이 아기일 때는 우리도 아기 시절로 가고, 아이가 유치원, 초등학교를 갈 때면 우리도 가슴 벅차던 그 시절로 돌아갑니다. 하늘은 푸르고 맑기만 하던 시절. 아무리 놀아도 하루해는 하늘에 깔깔거리며 떠 있고 달, 꽃, 시냇물이 정답게 우리에게 이야기 하던 그 곱고 맑았던 시절로 되돌아 갈 수 있게 되는 것입니다. 정말 아이들이 아니면 우리는 결코 그 때 그 시절 – 밤하늘의 별들은 반짝이고 은하수는 산 너머 끝없던 그 신비롭고 환희롭던 때로 가지 못할 것입니다.

또 우리는 아이들을 통해서 철없는 삶을 청산하고 성숙한 삶으로 향하게 됩니다. 나만 제일이고 나만 위해 살던 그 삶을 청산하고, 나 아닌 다른 존재를 위해 모든 것을 바치는 삶도 있다는 것을 아이들을 통해 우리는 배우게 됩니다. 제 아무리 망나니 같은 분들도 아이들을 위해서는 겸허하고 인내하고 노력할 줄을 압니다. 정녕 아이들은 우리를 더 높은 곳으로 이끌어 주시는 작은 부처님들이 아닐 수 없습니다.

요즘같이 무한 경쟁 시대에 사회에 나갈 아이들을 생각

하면 안타깝지 않은 것은 아니나, 그리고 뒷바라지를 제
대로 하지도 못하는 저는 그다지 좋은 부모가 되지도 못
하나 어쨌든 저는 저를 찾아 온 작은 우리 부처님들을 공
양 잘 하려 합니다. 그래서 저의 공양 듬뿍 받으신 우리 부
처님들이 마침내 사회에 나가 희망과 용기를 드리고 모든
분들의 좋은 벗이 되는 날, 저는 삼세의 모든 부처님 전에
다함없는 감사와 찬탄을 올리겠습니다.

당나귀 그림자는 누구 것?

어느 상인이 여름 날, 먼 길을 가기 위해 당나귀 한 마리를 빌렸습니다. 상인은 당나귀 주인이 이끄는 나귀를 타고 설레설레 먼 길을 떠납니다.

하루 이틀 지나고 길은 계속됩니다. 나무 한 그루 없는 어느 들판에 이르렀을 때 두 사람은 잠시 쉬기로 했습니다. 작열하는 태양을 피할 곳이 없어 그림자 있는 곳을 찾던 상인은 마침 당나귀 서 있는 곳에 나귀의 그림자가 있는 것을 보았습니다. 옳거니! 상인은 쾌재를 부르며 나귀 그림자 아래에서 더위를 식혔습니다.

그런데 문제가 생겼습니다. 당나귀 주인이 오더니, 그림자는 내 것이니 자기가 쉬어야 한다는 것이었습니다. 상인은 기가 막혔습니다.

“아니, 이보시오, 내가 이 나귀를 빌렸으니 당연히 그림자도 내 것이지 않소?”

성이 나서 고함치는 상인을 보고 주인 역시 흥분하여 주장합니다.

"당신이 빌린 것은 내 당나귀지 그림자가 아니지 않소?"

그 말에 다시 열 받은 상인이 더 크게 소리 칩니다.

"아니, 이런 경우 없는 사람 봤나? 당나귀를 빌리면 당연히 그림자도 빌린 사람 것이지, 무슨 그림자를 따로 빌리오?"

주인은 주인 나름대로 기가 막힙니다. 이 더위에 나도 좀 쉬어야겠는데, 아니, 나귀만 빌린 거지 어디 나귀 그림자까지 빌린다고 하였남? 나귀 주인은 나니까 어디까지나 그림자는 내 것인데 상인이 우기니 기가 막혀도 너무 막히는 것이었습니다.

상인은 상인 나름대로 그림자가 자기 것이라고 주장하는 나귀 주인이 야속하고 비정하기 짝이 없습니다. 이 두 사람은 해가 질 때까지 네가 너무하니 하며 다퉜다고 합니다. 그 사이에 당나귀는 고삐를 풀고 어디론가 달아나 버렸다나요?.

항상 내 입장에서는 내가 진리인 법입니다.

당나귀 그림자는 과연 누구의 것일까요?

사랑하면 결혼하는가?

무슨 운명의 장난(?)인지 사랑하는 사람끼리 결혼에 이르지 못하고 헤어지는 경우가 적지 않습니다. 그럴 때면 당사자는 물론이거니와 옆에서 보는 이들의 마음도 편하지 않습니다. 보고 싶어서 애태우고 함께 있고 싶어 한숨 짓는 모습은 보기에도 참 딱합니다. 그렇게 지고지순하게 사랑한다면 그 사랑이 이루어 져야 하지 않겠습니까? 그런데도 그렇지 못하니 정말 딱하고 안타까운 일입니다.

그러나 결혼이란 사랑한다고 되는 것이 아닙니다. 인연이 있어야 하는 것입니다. 인연이 있어야 결혼이 이루어지지 인연이 없으면 이루어지지 않습니다.

결혼의 인연이 있을 때는 생각지도 못한 곳에서 배우자를 만나고 생각지도 못한 결혼이 마치 드라마처럼 이루어집니다. 그러나 인연이 없는 경우에는 결혼 날짜까지 받아 놓아도 이루어지지 않는 것입니다.

그러니 사랑한다고 사랑에 집착할 일은 아닙니다. 결혼

에 이르지 못하는 사랑은 가슴만 태우고 결국엔 미완성으로 끝날 것인즉, 지금 내 마음에 속지 말아야 합니다.

그리고 지금 아무리 온 몸 온 마음으로 사랑하는 이가 있다 하더라도 우리는 늘 스스로를 되돌아 보아야 합니다. 그래서 서로에게 상처를 남기지 말아야 합니다. 그저 외롭고 고달픈 인생이란 무대에서 스쳐 지나가다 만난, 서로에게 좋은 추억을 남긴 분으로 간직할 일입니다.

또한 부부가 되지 못하더라도 너무 섭섭하거나 안타까워할 필요가 없습니다. 우리가 부부의 연을 맺지 못한 탓에 그러한 것이니 무엇을 원망하고 안타까워하겠습니까. 다만 현실에, 인연에 충실할 뿐이지요.

그러므로 이루지 못한 사랑이 아무리 가슴 아프더라도 우리는 그 때문에 서로의 삶을 망쳐서는 안 됩니다. 그 대신 서로의 상처를 어루만져 주고 상대방의 행복을 기원해야 합니다. 서로를 성숙시키고 서로를 위하는 그 마음을 잃지 않아야 합니다.

그리하여 그 애틋한 마음을 서로에게 바칠 때, 금생은 비록 부부로 만나지 못했더라도 먼 훗날 언젠가는 정말로 금실 좋은 부부로 다시 만날 수 있을 것입니다. 그리고 그 한없이 밝고 푸르른 날, 다함없는 님의 노래를 같이 부를 수 있게 될 것입니다.

병고는 축복

우리는 병을 싫어 합니다. 특히 불치병에 걸린 분들이 고통 받는 모습을 보면 더욱 더 그러합니다. 내가 아픈 것도 힘들지만 남이 아픈 것을 보는 것도 여간 가슴 아픈 일이 아닙니다. 그리하여 누가 갑자기 죽으면 고생 않고 갔다 하여 오히려 부러워(?)하는 경향도 없지 않아 있습니다.

그러나 알고 보면 자연사(自然死)만큼 복된 것도 없습니다. 시름시름 앓으며 내 갈 날을 어렴풋이나마 알고, 그리고 이웃들에게 당부의 말씀이라도 전하고 가는 것이 심장 마비 등으로 갑자기 가는 것보다 현실적으로나 종교적으로도 훨씬 나은 것입니다. 그러므로 병은 사실은 축복인 것이지요!

병을 앓으면 우리는 다음 생을 - 그것이 윤회이건 천국에 가는 것이건 - 준비하고 갈 수가 있습니다. 가는 날짜야 정확히 모른다 하더라도 대강은 알 수 있는 바, 우리는 그 때까지 나의 삶을 정리하고 남은 분들에게 진 빚도 정리하고 인사라도 하고 갈 수 있는 것입니다. 또 마음도 정리하고 종교적 귀의를 할 기회도 있습니다. 그러나 어제까지 세상 모르고 날뛰던 분이 갑자기 가게 되면 이런 복(?)은 누릴 수 없습니다.

병에서 알아야 할 것 또 하나는, 병고가 단순히 우리를 괴롭히려고 그런 것이 아니라 사실은 업장 해소의 한 방편이라는 것입니다. 병으로 가시는 분들을 보게 되면 가기 얼마 전부터 참 많은 고통을 받습니다. 끙끙 앓기도 하고 고통 때문에 고래고래 고함도 지르고, 헛것이 보이는지 허공을 사정없이 휘젓기도 하고 말은 하고 싶은데 말이 나오지가 않아 한숨만 쉬기도 합니다. 그 모습은 참으로 비통하여 옆에서 보기도 쉽지가 않습니다.

그런데 사실은 이런 고통이 바로 업장 해소의 한 표현이라는 것입니다. 우리가 죽음을 맞을 때쯤이면 업풍(業風)이 한꺼번에 휘몰아 닥친다고 합니다. 평소에 진리의 삶을 못 산 분일수록, 평소에 남을 괴롭히고 고통을 준 분들일수록 그 정도가 심하다고 하지요(세조도 죽을 때 사육신을 비롯한 충신들이 나타나 무척 괴롭혔다 하며, 조조도 나뭇가지의 귀신을 보고 놀라 죽었다고 하지 않습니까?). 현실에서도 평소에는 근처에도 못 오고 굽신거리기만 하던 분들이 권력이 땅에 떨어질 때쯤이면 모두들 와서 분풀이 하지 않습니까?

그러나 비록 이런 일이 고통스럽다 하더라도 이것은 내가 살아 있을 때 반드시 정리하고 지나가야 할 일입니다. 살다가 지은 업이므로 살아 있을 때 풀어야 그나마 고통이 적지, 살아서 지은 업을 죽어서 갚게 되면 엄청난 대가를 더 지불해야 하는 것입니다. 또 갚다 보면 끝장을 보기 전에 업이 갚아지는 수도 있습니다(종교의 힘을 빌리든지 하면!). 그러면 병은 낫게 되기도 하는 것이지요.

병을 앓고 있거나 앓고 있는 분을 주위에 두신 분들은 이 사실을 꼭 알아야 합니다. 그리고 병을 싫어하고 고통스러운 것으로 받아 들이지 말고 오히려 감사(?)하는 마음을 낼 일입니다.

그리하여 나를 괴롭히는 이 아픔조차 축복으로 받아 들일 때, 병고는 씻은 듯 사라지고 또한 병 자체가 없어지게 될 것입니다.

산골소녀 영자

심신산골에서 맑고 순수하게 살아가던 산골 소녀 영자는 우연히 출연한 TV 에 의해 전국적 유명인사가 됩니다.

바깥 세상을 알게 되면서 대학에도 가보고 싶다는 소박한 꿈을 꾸던 영자는 갈등 끝에 처음으로 아버지와 헤어져 서울로 오고, 혼자 남은 아버지는 부녀가 같이 출연한 광고비를 탐낸 강도에 의해 허망한 종말을 맞습니다.

아버지의 죽음이 자신으로 인한 것이라는 죄책감으로 괴로워하던 영자는 엎친 데 덮친 격으로 후원하시던 분에게 인간적인 실망도 하게 되어 정신적 충격을 감당하지 못하다가 결국 불문에 귀의하게 됩니다.

비명에 가신 영자 아버지는 아마 강도와 전생 악연이 있었던 것으로 보입니다. 겉보기엔 강도 사건이지만 강도나 돌아가신 영자 아버지나 모두 가슴 아픈 일입니다(신문 보도에 의하면 강도짓 하신 분은 교도소에서 출소한 지 얼마 안 되었는데, 우연히 신문에서 영자의 광고 출연 소식을 보고 이

양반들 돈 있겠구나, 하는 생각이 돌연 들어 그런 짓을 한 것이라고 합니다.).

영자 아버지께서 왜 깊은 산에 들어가셨는지 저는 모르지만, 그 분께서는 낯모르는 외부인을 늘 경계하는 편이었다고 합니다. 이로 미루어 보면 영자 아버지께서는(제가 보기에는 영자 아버지께서는 도인이십니다. 손님을 맞이하는 예와 눈빛, 그리고 영자를 교육시킨 것으로 미루어 보면 단순히 산에서 약초나 캐는 분이 아니라 무위법을 닦는 도인으로 보입니다) 무언가 자신의 어두운 부분을 아시고 그 인과를 피해 산으로 가신 것으로 생각됩니다.

그러나 인과는 피할 수 없어, 마침내 시절 인연이 되니 그토록 피하고 싶었던 최악의 결과가 그 분께 닥친 것이겠지요 죽음을 피하기 위해 산으로 바다로 땅 속으로 시장 거리로 피한 도인들이 있었습니다. 그러나 그 어느 누구도 죽음을 피할 수 없었다고 하지요. 영자 아버지를 보니 이 이야기가 생각납니다.

영자의 불교 귀의는 갈 길을 제대로 간 것으로 보입니다. 그렇게 맑은 마음으로는 사실 세속에서 살아나가기가 여간 어렵지 않지요. 인생에 있어 중요한 청소년기를 또래들이 겪는 보편적 경험을 갖지 못했던 이 산골 소녀는, 출가하지 않고 평범한 세속 삶을 산다면 아마 지금 못지 않은 상처를 입을지도 모릅니다.

사람은 누구나 자기 한계가 있습니다. 세속에서 범부로 사시는 분은 세속 삶이 가장 자신에게 맞는 것이고, 출가하신 분들은 출가자의 삶이 또한 가장 자신에게 적격한 것입니다. 범부가 출가자의 삶을 살기 힘든 것처럼 출가자는 세속에서의 범부의 삶이 어려운 것입니다. 그런 면에서 맑기만 한 산골 소녀가 아는 이 별로 없는 새로운 세상에 적응하기에는 어려움이 많을 수밖에 없을테지요.

아버지도 그렇지만 출가한 영자는 불교와 인연이 깊은 분으로 보입니다. 아직 19세에 불과한 어린 나이에 망부(亡父)의 극락왕생을 빌 100일 기도를 생각한 것부터가 그렇습니다. 제가 보기에 우리 영자는 큰스님이 될 것 같습니다.

한 산골 소녀에게 일어났던 감당하기 힘든 일을 가슴 아파하기보다는, 이제는 출가자의 길을 걸어갈 이 맑은 소녀를 위해 기도해 주시지 않으시렵니까? 이 아픔이 보리의 싹이 되어 뒷날 큰스님 되어 고통 받는 모든 이웃들의 좋은 벗으로 오시기를 말입니다.

나무 아미타불. 나무 마하반야바라밀.

제3장
곳곳에 오시는 부처님

경은 어떻게 읽는가?

수행의 한 방편으로 독경을 택하시는 분들이 많습니다. 그런데 구체적인 '수행으로서의 독경'을 보통 '경전 해석'으로 잘못 아시는 분이 많으신 것 같습니다. 경 공부는 '경을 소리내어 읽는 것'과 '경의 뜻을 이해하고 풀이해서 아는 것'으로 나눌 수 있습니다. 그런데 후자의 경우는 지식을 더하는 공부요, 수행으로서의 공부는 아닌 것입니다.

흔히 "경은 (내용을) 알고 읽으라."고 말합니다. 내용을 모르고 막무가내식으로 읽는 것보다는 지금 읽는 경전이 무엇을 말하는가 그 내용을 이해하고 읽으라는 말씀이지요. 그래야만 경의 내용이 생생히 이해되고 경 읽는 공덕도 더 커진다 는 말씀입니다. 이 말씀은 올바른 독경 태도를 정확히 지적하신 것이라 생각됩니다. 경 내용을 알고 읽는 것이 전혀 모르고 읽는 것보다는 훨씬 더 바람직할 것입니다.

그러나 독경을 수행으로 할 때에 중요한 것은, 무엇보다 자구(字句)에 알음알이를 일으켜서는 안 된다는 것입니다. 내용을 모르기 때문에 경 읽는 것이 소홀해 진다든가, 내용을 좀 더 이해하려고 경을 읽는 속도가 달라진다든가, 경을 읽으면서 자꾸 해석을 하려 든다든가 하면 안 되는 것입니다. 경에 대한 이해, 해석은 독경이 끝나고 할 일입니다. 경을 읽을 때는 한 생각도 일으키면 안 됩니다. 오직 부처님 앞에 지극한 한 마음을 바칠 뿐인 것입니다.

독경이란 그 내용을 알든 모르든 이해가 가든 안 가든, 우리는 부처님께 나의 목소리, 나의 정성을 바치고 공양 올리는 것뿐입니다. 내가 무엇을 알기 위해서 경을 읽는 게 아니라, 내가 깨치기 위해서 경을 읽는 게 아니라, 부처님 기뻐하시도록 부처님 대신 내가 시방 법계 가득한 유정 무정 중생들에게 부처님 말씀을 대신 읽어 드리는 것뿐입니다. 내가 읽는 것이 아니라 부처님이 설법하시는 것이 독경의 올바른 모습입니다. 또한 독경은 공양 올릴 것 하나 없는 초라한 범부 중생이 부처님께 올리는 가장 정성어린 공양구(供養俱)입니다.

따라서 이 경을 공양 올리는데 내가 알고 모르고는 문제가 되지 않습니다. 그저 쉼없이 다함없이 내 목소리로, 내 마음으로 부처님 말씀을 공양 올리고 또 올릴 뿐인 것입니다. 그런 연후 나중에 시간이 있으면 내가 읽었던 경의 내용이 과연 어떤 것이었는지 책을 보고 법문을 듣고 그 내용을 이해해 들어가는 것입니다. 이것이 올바른 경 읽기의 자세입니다.

그런데 이렇게 하지 않고 경을 해석하는 것을 가지고 독경을 한다, 공부한다는 분들을 많이 봅니다. 그러면서 공부해도 소용없다고 말씀하시는 모습도 종종 볼 수 있습니다. 참 딱한 일입니다.

이런 분들에게는 알음알이는 늘지 몰라도, '아하' 하고 지식적인 감흥은 일지 몰라도, 경 속에 숨어있는 부처님 가르침의 깊은 공덕은 내게 오지 않습니다. 그러므로 공부해 봐야 공덕이 없는 것입니다. 번뇌가 없어지지도 않고 남의 번뇌를 없애지도 못합니다. 다만 내 지식만 늘고, 내 아는 것만 늘 뿐입니다.

진실로 수행을 하려면 부처님께 오직 이 마음 공양 올릴 일입니다. 부처님께 공양 올리고자 하는 이 간절한 마음, 그리고 온 정성을 다하여 알든 모르든 오로지 부처님 전에 한 마음으로 한 자 한 자 읽어 나갈 때, 부처님 밝은 가르침은 현실로 우리 마음에 살아 움직이게 될 것입니다.

독경의 공덕

우리가 경을 부처님 앞에서 공양드리는 마음으로 정성 스레 읽어 나갈 때, 어떤 경이라도 그 경이 가지고 있는 가 르침이 우리 몸과 마음에 훈습됩니다.

가령 반야심경을 읽으면 반야의 밝은 지혜가 자기도 모르게 우리 몸에 훈습됩니다. 또 천수경을 읽으면 자신도 모르는 사이에 천수경의 밝은 공덕이 내게 오게 됩니다. 대다라니의 위신력 앞에 모든 잡념이 사라지고 천수천안 으로 중생을 보살피시는 관세음보살님의 헤아릴 수 없는 자비심이 마음에 환하게 담기게 되는 것이지요. 이는 법 화경의 관세음보살보문품을 읽을 때도 마찬가지입니다.

아미타경을 읽으면 극락정토의 밝은 기운이 경 읽는 곳 에 현현하여, 경 읽는 그 곳이 바로 극락정토로 되어 갑니 다. 또한 아미타 부처님의 광대한 서원의 힘이 서방 정토 의 해처럼 밝게 떠오릅니다.

금강경을 읽으면 대낮같이 밝은 부처님 지혜가 정말 환

하게 비춰 옵니다. 금강경은 워낙 눈부신 가르침이라 읽는 곳 읽는 시간마다 일체의 그림자가 사라지고 온 시방이 환해지는 것입니다.

보현행원품을 읽으면 보현보살의 대 원력, 대 실천에 대한 맹세가 온 몸과 마음에 용솟음칩니다. '나도 보현보살처럼 원을 세우리! 나도 보현보살처럼 그렇게 실지로 일체의 부처님을 찬탄하고 기뻐하며 그렇게 살아가겠다.'고 하는 맹세가, 현실은 비록 아무리 고달프다 하더라도 희망으로 용솟음치는 것입니다. 아무리 중생계가 고달프고 아무리 내 번뇌가 깊어도, 곳곳에 오시는 이 세상 모든 부처님을 눈앞에 뵈온 듯 만나 뵙게 되고 큰 환희와 대긍정의 물결이 온 몸에서 용솟음치는 것입니다. 그러므로 보현행원을 읽고 공부하시는 분들에게서는 무엇보다 한량없는 부처님의 생생한 생명력이 힘차게 살아 움직이는 것입니다. 이것이 독경의 공덕입니다.

경을 한 번 읽으면 한 번 읽은 만큼, 열 번 읽으면 열 번 읽는 만큼의 공덕이 살아 움직입니다. 이런 연유로 어느 경에서나 "이 경을 늘 받아 지니고 읽으면 온갖 보배로 부처님께 공양 올리는 것보다 말할 수 없이 낫다."라는 말씀을 하시는 것입니다. 이 말씀은 그냥 하신 말씀이 아니라, 그냥 중생들이 경을 잘 읽게 하려고 하신 말씀이 아니라 진실로 경을 지니고 읽는 공덕이 그러한 것이기에 부처님께서는 사실대로 말씀하신 것뿐입니다.

우리는 이렇게 경이 지닌 공덕이 우리에게 환하게 밝아 올 때까지 읽어야 합니다. 내가 경을 읽는데 이런 공덕이 느껴지지 않으면 아직 '경을 읽었다' 라고 말할 게재가 되지 않는 것입니다. 경을 읽으면 반드시 이런 경계가 나타나며, 이런 경계가 나타나지 않았다면 아무리 내 생각에 많이 읽었다 하더라도 아직은 정성이 미진한 것이지요.

그러므로 "경을 읽어도 아무런 공덕이 없다."고 함부로 말할 일은 아닙니다. 내 정성이 부족한 탓이지 부처님 말씀을 의심하고 부정할 일은 아닌 것입니다. 경의 밝은 공덕이 나에게 오지 않는 것은 아직 나의 정성이 지극하지 못한 때문입니다. 그러니 내가 할 일은 부처님 말씀을 부정하고 실망하는 것이 아니라, 나의 허물을 참회하고 오로지 부처님 전에 나의 정성을 바치고 또 바칠 뿐인 것입니다.

불자님들! 각자의 서원에 알맞은 경을 택하여 우리 모두 부처님 밝은 지혜 듬뿍 맞으시기를, 자비로 저희를 섭수하시는 삼세의 모든 부처님 전에 발원 드려 봅니다.

화이트 크리스마스 아침에

새벽까지 퍼붓던 눈은 어느새 멈추고, 하늘은 푸르름과 함께 눈부신 아침이 찾아 왔습니다. 바람 불어 날은 차가우나 눈 덮인 앞마당에는 아이들 뛰어다니는 소리로 덮여 있습니다. 곳곳에는 웃음 소리요, 눈 덮인 하루를 기뻐하는 마음뿐입니다. 참으로 축복받은 아침입니다.

저는 아이와 함께 생애 처음 찾아온 화이트 크리스마스 사진을 기념으로 몇 장 찍었습니다. 나무에 내려앉은 눈도 한껏 아름다움을 뽐내고 있습니다. 세상은 평화롭고 성당에는 예수님 오신 날을 찬탄하고 찬미하는 노래로 가득합니다. 저는 오늘 예수님이 오신 것을 생각하며, 또한 예수님의 부모님이신 요셉과 마리아를 생각합니다.

동정녀 마리아가 예수님을 잉태하신 소식을 듣고 요셉은 깊은 회의에 잠깁니다. 그럴 만도 한 것이, 어찌 순결한 처녀가 아이를 잉태한다는 것이 상식으로 이해가 가겠습니까? 그리하여 요셉은 마리아의 행복을 위해 남모르게 떠날 결심을 합니다. 그러나 그렇게 번민하던 요셉은 꿈에서 계시를 받고 아이를 낳기 위해 베들레헴으로 떠납니다. 예수님을 가진 아내 마리아를 모시고서요.

다들 아시다시피, 베들레헴에 간 요셉은 해산할 장소를 구하지 못해 마굿간에서야 몸을 풀고, 결국 예수님은 이곳에서 태어나시지요.

예수님 칭송이야 그 동안 끊임이 없었는데, 오늘 저는 신의 아들, 이스라엘의 왕이시고 인류의 구원자로 오신 예수님을 맞은 아버지 요셉의 마음이 어떠했나를 생각해 봅니다.

그저께 신문에는 아이들을 내버려두고 장사하러 나간 부모님 두 분이 자녀 학대 혐의로 경찰에 구속된 소식을 전해 주고 있습니다. 신문에는 이 두 분께서 아이들에게 생활비를 주지도 않으셔서 전기, 수도도 끊긴 가운데 아이들이 학교도 나가지 않은 채 앵벌이를 해서 생활하고 있다고 말해 줍니다. 부인이 남편을 따라 장사 나간 이유도 적혀 있는데, 객지 생활하면 바람 날까 봐 그랬다는 것입니다.

신문이라는 것이 워낙 사실을 왜곡할 때가 많은지라 저는 이 신문 기사를 전적으로 믿을 마음은 없습니다만(왜냐하면 특히 남을 비난하는 이야기는, 꼭 당사자 양쪽의 이야기를 들어 봐야 하지 않겠습니까?), 만약 이것이 사실이라면 참으로 안타까운 일이 아닐 수 없습니다.

예수님을 낳으신 요셉은 마리아와 함께 베들레헴을 떠나 나사렛으로 가서 목수 생활을 합니다. 요셉 당신의 자녀, 예수님 교육이 구체적으로 어떠했는지는 알 수 없습니다만, 아마도 평범(?)하지만은 않으셨을 것입니다. 아마 요셉은 예수님을 극진히 모셨을 것입니다.

백 보를 양보하더라도, 적어도 내 아들이라고 함부로 대하거나 부려먹거나 하지는 않으셨을 것입니다. 아버지로서의 위엄은 잃지 않되, 앞으로 구원자 되실 당신의 아이를 모욕을 주거나 멸시하지는 않으셨을 것입니다. 당당한 주님의 아들로, 이 땅에 오신 이유 그대로 살 수 있게끔 요셉은 주님께 맹세하고 그렇게 길렀을 것입니다. 그러니까 예수님은 젊은 나이에 여행도 마음껏 하고 광야에서 40여 일의 기도도 할 수 있었을 것입니다. 그런 아버지 요셉이 있었기에 예수님은 그렇듯 찬란하게 우리에게 오시고 그렇게 우리에게 큰 감동을 주시고 떠나신 것 아니겠습니까?

저는 요셉에게서 많은 감동을 받습니다. 그 분의 예수님 공양은 참으로 이 땅의 모든 부모들이 본받아야 할 일이라고 생각합니다. 우리 역시 예수님의 어버이이신 마리아, 요셉처럼 우리 아이들을 기르고 이끌어야 할 것입니다. 아이들은 단순히 나를 위해 오신 분도 아니요, 우리 부모들의 심심풀이로 오신 분은 아니며 더구나 내가 마음대로 해도 되는 그런 분들이 아니지 않습니까? 모두 모두 내게 오신 작은 부처님이요 작은 예수님인 것입니다. 오로지 섬기고 모실 분들인 것이지요.

우리에게 오신 예수님, 그리고 그 예수님을 훌륭히 키워 인류에게 공양 올리신 어버이 마리아와 요셉을 생각하며, 함박눈이 축복으로 온 누리를 하얗게 덮은 화이트 크리스마스 날, 감사와 다짐으로 이 아침을 보냅니다.

나는 왜 눈을 이리 좋아하는가?

오늘은 함박눈이 새벽부터 내리기 시작합니다. 지금도 제가 사는 서울 목동 숲(목동에는 나무가 많으므로 저는 그렇게 부르고 있습니다)에는 함박눈이 펑펑 쏟아지고 있습니다. 저는 이 함박눈을 어제 밤부터 기다리고 있었습니다.

일기예보에서 늦은 밤부터 눈이 내린다고 했으며, 낮에 잠깐 풀린 듯했던 날씨가 밤이 되면서 추워지고 구름이 몰려들어, 오늘 밤에는 틀림없이 눈이 오는 모습을 볼 수 있다는 생각에 잠을 자지 않고 새벽까지 기다렸습니다. 그러나 창 밖을 아무리 내다 봐도 구름만 잔뜩 꼈을 뿐, 눈은 내리지 않았습니다. 그래서 새벽 4~5시 무렵, 꿈결처럼 잠이 들었는데, 아침에 눈을 떠보니 온 세상이 은빛으로 변하고 눈이 폭포수처럼 쏟아져 내리고 있었습니다.

아이들을 모두 깨워 온 세상을 하얗게 축복으로 뒤덮은 눈을 구경하게 하며, 저 역시 기쁨을 감추지 못하고 옷을 꾸려 밖으로 나갔습니다. 집사람은 저를 보고 마치 강아지 같다고 하였습니다. 눈이 오면 왜 저리 주체를 못하냐며, 깔깔 웃으며 우산과 눈 내리는 숲(?)에서 깔고 앉을 자리(스티로폴)를 준비해 저에게 주었습니다. 저는 우산을 받쳐 들고 눈 내리는 숲 속으로 내려 갔습니다.

숲 속에는 저처럼 함박눈 퍼붓는 이 아침이 좋은지, 아무 할 일도 없이 산책하는 노부부며 아이들을 데리고 눈사람 만드는 정말 좋은 아버지들도 만날 수 있었습니다. 저는 눈사람 옆에 사진 찍는 아버지와 아이들을 보며 벤치에 앉아, '나는 도대체 왜 이리 눈을 좋아 하는가' 하는 생각에 잠겼습니다.

그렇습니다. 저는 눈이 내리는 날이면 언제부터인지 마음이 주체를 못합니다. 아무리 교통이 불편하고 조금 힘들다 하더라도, '저는 눈이 올 것이다' 라는 기상 예보가 있으면 그 때부터 마음이 설레기 시작합니다. 몇 번이고 창 밖을 내다보며, '언제 눈이 오나' 하고 마치 옛 연인을 만나는 마음으로 기다립니다. 마침내 저는 알았습니다, 왜 그리 눈을 좋아하는지….

첫째는 일여성(一如性)입니다. 눈이 내리면 우리는 모두 하나가 됩니다. 눈이 내리면 정도의 차이는 있지만, 중생의 온갖 차별이 없어집니다. 마음이 하나가 됩니다. 눈이 내리면 나이가 든 분이나 적은 분이나, 남자나 여자나, 심지어 동물이나 사람이나 모두 모두 하나가 됩니다. 하얗게 온 누리를 장엄하는 그 정성에 압도되어, 뒷집 할아버지도 아랫집 강아지도 모두 모두 나오셔서 눈 내리는 이 하루를 축복하십니다.

온 세상을 하얗게 덮은 이 눈 앞에, 중생의 차별상은 그대로 없어집니다. 잘난 이나 못난 이나 할 것 없이 모두 모두 이 눈 내리는 아침에만은 성불하십니다. 일체에 너그러워지고 모든 욕심에서 벗어나, 마음은 맑기만 했던 그 옛날로 돌아갑니다. 나이가 아무리 드신 분도, 아무리 악한 일만 하시던 분도, 이 날만은 눈 내리던 그 어린 시절, 눈싸움 하던 그 마음으로 돌아가고 잊었던 옛 사랑에 마음 아련히 젖어 오는 것입니다.

둘째는 끝없는 정성입니다. 저 퍼붓는 눈을 보십시오. 어느 한 눈이 중요하지 않은 눈이 있습니까. 그리고 이 차별 많은 세상을 일여하게 만들기 위해 얼마나 많은 눈이 내리고 있습니까.

우리는 흔히 조금만 내 정성을 쏟아도 결과가 예상 같지 않으면 상대를 비난하고 실망합니다. 그러나 눈은, 저 함박눈은, 어디 그런 것이 있습니까. 상대가 알든 모르든, 세상이 내 마음을 따라주든 안 따라주든, 오로지 함박눈은 퍼붓고 또 퍼부을 뿐입니다. 저렇게 자신을 잊고 쏟아지는 저 눈 속에서, 세상은 모든 갈등을 잊고 하나로 변해 가는 것입니다. 그렇듯 쏟아지는 눈은 우리에게 다함없는 중생 공양의 법문을 설하고 있습니다.

셋째는 그 너그러움입니다. 하염없이 내리는 저 눈은 세상의 모든 허물을 덮어 줍니다. 저 눈은 선한 분에게만 내리는 것도 아니요, 경치가 뛰어난 곳에만 내리는 것도 아닙니다. 경치가 좋은 곳이나 아닌 곳이나, 선한 분이 사는 곳이나 선하지 않은 분이 사는 곳이나 구분함이 없이 어느 곳에서나 축복으로 내려, 하나도 차별없이 모두의 허물, 차별상을 대자비로 덮어 버립니다. 눈이 내리는 곳은 어느 누구의 허물도 볼 수가 없습니다. 장엄한 모습 앞에 죄 있는 자 없는 자, 가진 자 못 가진 자, 모두가 하나되는 것입니다. 그것은 내리는 눈은 일체 중생에게 평등하기 때문입니다.

화엄경 보현행원품에도 보살이 중생을 따르고 이익되게 하여 마침내 일체 중생을 깨달음에 이르게 하는 이유도, 보살이 일체 중생에게 평등한 마음을 가지기 때문이라고 설하고 있습니다. 일체 중생에게 평등함으로 대비심을 내며, 그 대비심으로 중생을 섬기고 공양하므로 마침내 무상 보리에 이르게 된다는 것입니다. 하염없이 퍼붓는 저 눈 역시, 일체 중생에게 똑같이 내려, 모든 이의 허물을 덮고 새로이 태어나게 하는 것입니다.

아직도 창 밖에는 함박눈이 하염없이 내립니다. 오랜 만에 우리 사는 곳이 하나가 되는 것 같습니다.

우리 불자님들! 눈 내리는 이 아침, 온 누리 하얗게 끊임없이 내리는 대 자연의 이 장엄한 축복을 우리 모두 부처님 무량 법문으로 맞이하여, 다함없는 중생 공양으로 나아가시기를 삼세의 모든 부처님들께 발원 드려 봅니다.

여성은 모든 생명의 원천

우리는 낯모르는 사람의 전화를 받아도 상냥한 여성의 목소리가 들리면 마음이 안정되는 것을 느낄 수 있습니다. 그래서인지 대부분의 안내 방송이나 안내인은 여성이 담당합니다. 다소 불쾌한 검문검색도 여성이 하면 한결 안심이 됩니다. 왜 그런 것일까요?

그것은 여성의 본래 공덕이 바로 모든 생명의 탄생이요, 생명의 성장이기 때문입니다. 즉, 여성은 상대를 공격하고 상대의 공덕을 빼앗는 것이 아니라, 본래 성품이 모두 생명을 키우고 살리는 데 있기 때문입니다.

우리가 보통 여성적이라고 하는 것을 보면 그 성품이 대부분 부드럽고 화기애애합니다. 너그럽고 자애로운 성품을 볼 때 여성적이라고 합니다. 내 주장보다는 남의 주장을 존중하고, 내 뜻보다는 남의 뜻을 믿고 따르는 분들에게서 우리는 일반적으로 여성적인 느낌을 더 받는 것입니다. 그런데 그런 것은 고정불변한 여성적인 무엇이 있어서 그러기보다는, 그러해야만 생명이 싹트기 때문입니다. 그렇게 생명을 싹트게 하는 우주의 성품이 '여성적'이라는 말로 표현되는 것이지요.

또 생명을 꽃피우고 자라게 하는 행위는 모든 것을 아름답게 만듭니다. 우주의 본래 공덕이 그런 것이기 때문입니다. 그러므로 여성은 아름다우며 선행을 하는 분들의 모습이 남녀를 불문하고 아름다운 것입니다.

또한 여성이 많은 곳에서는 늘 생기가 넘쳐흐릅니다. 여성이 많은 곳에서는 기쁨과 웃음이 끊이지 않으며, 모임도 여성이 많은 곳은 더 잘 되는 경향이 있습니다. 모임도 나라도 여성이 대우받고 여성이 행복할 때 화평하고 발전하는 것입니다.

남을 비난하고 비판하며, 잘못을 공격하고 냉혹해서는 생명이 싹트지 못합니다. 그렇게 하면 모습도 달라집니다. 아름다워지지 못합니다. 또 이런 성품이 강한 분들은 남들이 멀리 하게 되고 본인 스스로도 외로운 삶을 살아가게 됩니다. 생명이 자라지 못하기 때문에 중생은 본능적으로 그런 분을 피하는 것입니다. 이런 이유로 남성은 물론 같은 여성이라도 내 주장이 강하고 비판적인 일에 종사하시는 분들의 모습이 그렇게 변해 가는 것입니다.

이런 연유로 가정에서는 여성이 편안해야 합니다. 아내

와 딸들이 편안해야 그 집안은 복을 받습니다. 특히 아내의 역할은 더 더욱 중요합니다. 아내가 편안하지 못하고 남편이 편안한 집안과, 남편이 편안하지 못하고 아내가 편안한 가정을 비교하면 아내가 편안한 쪽이 훨씬 더 안정되고 희망적입니다.

아내가 편안하지 못한 집안은 그대로 끝장이 나지만(아내가 가출한 집안은 대개 가정 파탄이 옵니다), 아내가 편안하면 비록 남편의 사업이 잘 안 되고 생활이 어렵다 하더라도 그 집안은 반드시 피어납니다. 남편은 그런 아내에게서 희망을 발견하고 마음의 안정을 찾으며, 아이들은 그런 어머니에게서 자신들이 어떻게 자라야 하는지를 알게 되는 것입니다. 이런 연유로 불경에서는 "세상에서 제일 부자는, 재산이 많은 사람이 아니라 어머니가 살아 계시는 분"이라고 말씀하시는 것입니다.

요즘처럼 나라가 어려운 시절 아내요, 어머니인 여성의 역할은 정말 중요합니다. 그렇지 않아도 우리 아버지들은 얼마나 어렵게 바깥에서 하루 삯을 벌어 오고 있습니까? 그런데 집안에 왔을 때 아내의 그 환한 웃음이 없다면, 어머니의 그 맑은 웃음이 없다면 어디서 삶에 지친 남성들이 용기를 얻고 희망을 찾겠습니까? 그러므로 요즘처럼 힘든 때일수록 아내의 말 한 마디, 맑은 표정은 그렇게 중요한 것입니다.

　그러므로 부탁 드리옵니다. 우리 여성 불자님들은 더 넉넉한 마음으로 제2의 IMF가 온다고 하는 이 어려운 시기에 부디 실망하는 여러 사람들의 희망이 되어 주시지요. 또한 남성분들은 이렇게 훌륭한 우리의 아내, 여성분들에게 진정으로 감사의 마음 가져 보시기를 부탁 드려 봅니다.

당신만을 사랑해

　우리는 이런 가사가 들어간 노래를 많이 압니다. 그리고 이런 노래는 가사뿐만 아니라 곡조도 아름다워 대부분 우리 가슴에 젖어 듭니다.

　'당신만을 사랑해,' 이 말은 우리가 아무리 들어도 싫증이 나지 않습니다. 오히려 들으면 들을수록 눈물이 날 정도로 감격적입니다. 왜 그럴까요?

　그런데 우리는 여기서 사랑하는 '당신'이라는 존재가 과연 누구를 뜻하는지를 잠시 살펴볼 필요가 있습니다. 얼핏 보기에 '당신'은 연인이나 남편, 아내 등을 말하는 것으로 보입니다. 이 생각도 전혀 틀린 것은 아닐 것입니다. 그러나 과연 내가 사랑하는 '당신'이 내 주위 몇 사람으로 그치고 말 그런 당신일까요?

　그렇습니다. 내가 사랑하는 당신은 그런 조그만 당신이 아닙니다. 내가 사랑하는 당신은 당신으로 표현되는 그 모든 것, 나의 님이요, 사랑이요, 나의 목숨, 즉 '우주의 근본 모습'입니다. 우리가 조금만 더 깊이 생각해 보면, 진정 사랑의 대상은 눈앞에 보이는 내 사람, 그이뿐만 아니라 바로 온 누리에 가득한 '진리' 그 자체를 뜻하는 것을 알 수 있는 것입니다.

우리가 '당신만을 사랑해' 할 때의 당신은 사실은 우리의 근본 고향, 진리입니다. 그러므로 이 말은 언제 어디서 들어도 기분이 좋고 가슴엔 감동의 물결이 이는 것입니다. 고향은 언제나 아늑하며 진리는 항상 안온하고 즐거우며 밝고 희망적인 것이니까요.

우리는 '나'를 통해 '남'을 알게 됩니다. '나'를 통해 이 세상 사람들의 고통과 마음을 알게 되며, 우리 아이들을 통해 이 세상 모든 자식 둔 부모님의 마음을 이해하게 되는 것입니다. 내가 나의 괴로움만 알고 남의 괴로움을 모를 때 남의 가슴에 못을 박기 쉬우며, 내 아이만 소중하고 나 아닌 다른 모든 분들의 아이는 소중한 줄 모를 때 우리 모두의 가슴에는 우리도 모르게 원한과 악업의 씨앗이 움트게 되는 것입니다.

우리는 내 눈 앞에 형상으로 존재하는, 현실적으로 내가 가장 사랑하며 나의 가장 소중한 생명인 '당신'으로부터, 우리를 낳게 하고 우리를 오게 한 이 '우주의 진리'를 알게 되고 사랑하며 진리에 '귀의(歸依)하는 법'을 배우게 됩니다.

우리가 내 눈 앞의 당신을 사랑하면 사랑할수록, 나의 마음은 진리를 향하게 됩니다. 남과 다투고 남을 미워했던 사람도 미워하던 그 마음이 어디론가 사라지고 그저 애틋한 마음만 올라옵니다. 안타깝고 애달픈 내 모습 내 고통도, 당신을 그리워하고 사랑하는 마음이 가득 찰 때면 어디론가 가고 없습니다. 내 생명을 바쳐서라도 사랑하는 '지극한 당신'을 통해, 나는 같이 기쁘고 즐겁고 조금도 차별 없이 화합하고 평화로웠던 본래의 우리 모습으로 가게 되는 것입니다.

그러므로 동서고금을 막론하고 님을 그리는 모든 글과 노래는 그토록 아름답게 우리의 심금을 울리는 것입니다. 또한 '당신만을 사랑한다'는 지극히 평범한 이 말은 그렇게 우리 가슴에 달콤하고 감동으로 울려오는 것입니다.

우리는 무엇을 해도 진리를 보아야 합니다. 이 삼라만상 인간사는 모두 진리의 각기 다른 표현에 지나지 않습니다. 그것을 모르고 눈앞에 보이는 것, 귀에 들리는 것에만 집착함으로써 우리는 진리를 듣지도 못하고 진리에서 자꾸만 멀어져 가는 것입니다. 유위법으로 끝나고 무위법으로 나아가지를 못하는 것입니다.

'당신만을 사랑해,' 너무나 좋은 말입니다. 그러나 이것이 내 사람, 내 것에만 국한되면 안 됩니다.

그 사랑은 나와 내게 소중한 그 분들에게뿐 아니라 이 세상을 밝히고 있는 일체 모든 생명들에게로 확대해 나가야 합니다.

이와 같이 나의 사랑이 온 누리를 덮을 때, 우리의 불국토는 그렇게 멀기만한 것은 아닐 것입니다.

어머니의 좌절

엄마 품에 안겨 쌔근쌔근 잠을 자던 아이가, 집에만 오면 그렇게 엄마만 찾던 아이가, 머리가 조금씩 커지기 시작하면서 청소년기에 이를 때면 어머니는 좌절하기 시작합니다. 그렇게 말 잘 듣던 아이가 이제 엄마 말을 우습게 알지를 않나, 심지어는 엄마가 옆에 오는 것도 좋아하지 않습니다. 무슨 말을 하면 대꾸하기 일쑤요, 어떤 때는 화를 내기도 합니다. 한 마디로 지독하게 말을 듣지 않습니다.

그래서 우리 어머니들은 이맘때쯤이면 실망하기 시작합니다. '내가 어떻게 너를 길렀는데, 내가 얼마나 너를 생각하는데, 내가 얼마나 너에게 잘 해주는데' 이런 실망이 하루 이틀 지속되면 드디어는 삶의 회의로까지 이릅니다.

옛날에는 중학교에 들어 갈 때쯤에야 이렇게 되었는데 지금은 사춘기가 빨라진 탓인지 초등학교에서도 이런 현상이 나타납니다. 딸 아들 모두 정도의 차이는 있지만 근본적으로 크게 다르지는 않습니다.

이런 현상이 벌어지는 가장 큰 이유는, 우리가 아이들만큼 생각이 자라지 않은 탓입니다. 대개 여성은 생명을 잉태하고 기르는 모성(母性)이 강하여 자꾸 아이를 안으로 품으려 합니다(본래 생명은 품어 줄 때 자라게 됩니다). 신체적으로도 안으려 하고 심적으로도 아이를 자꾸 품안에 안습니다.

그런데 이런 어머니의 품안은 아이가 어려서 외부의 위험을 막아 줄 때는 아주 요긴하나, 아이가 자라 이제 외부로 나가야 할 때는 오히려 방해가 됩니다. 어머니는 자꾸 품안에 안으려 하고, 아이는 자꾸 바깥으로 나가려 하고, 이런 외중에 갈등이 생기고 아이들은 품안에 안으려는 어머니의 모습을 '자신에 대한 간섭'이라고 생각하게 됩니다. 어머니의 마음은 전혀 그게 아닌데 말입니다. 그래서 어머니는 점점 서운한 마음이 들게 되는 것이지요.

이것이 어머니와 자식의 주된 갈등의 원인입니다. 우리 어머니들은 이런 아이들의 마음을 알 필요가 있습니다. 사실 아이들 잘못은 별로 없다고 할 수 있습니다. 한 사람의 독립된 성인(成人)이 되기 위해서는 바깥으로 뛰쳐나가는 것이 성장에 있어서 필수적인 요소입니다. 자꾸 안으려는 어머니를 거부하는 것은 아이의 당연한 권리인 것이지요.

그런데 그것을 몰라주고 인정 안 해 주니 아직 성숙되지 못한 아이는 자신의 마음을 거칠게 표현하게 되고 그것이 부모 가슴에 더욱 더 상처를 주게 되는 것입니다.

그래서 부모님들은 또 그들대로, 부모의 마음을 몰라주는 저 아이에게, 어릴 때는 그렇게 효성스러웠고 부모 말이라면 꼼짝도 못했는데 이제는 부모의 마음은 전혀 헤아리지 못하고 그저 자신의 세계만 찾는 아이라고, '멀쩡한' 우리 아이들에게 실망하는 것입니다.

아이들은 풀어줘야 합니다. 언제까지나 아이는 귀엽고 사랑스럽기만한 존재가 아닌 것입니다. 귀엽고 사랑스러움으로써 아이가 어른이 되고 훌륭하게 성장한다면 백 번이고 그렇게 해야 할 것입니다만, 성장은 그렇게 해서 오지는 않는 것입니다.

아이는 단순히 부모를 즐겁게 해 주기 위해 온 존재가 아닙니다. 아이는 어른들의 장난감, 애완 동물(?)이 아닌 것입니다. 아이들은 자신의 세계를 앞으로 살아가야 하고, 그 세계에서 스스로의 책임을 져야 하는 것입니다. 어찌 보면 참 가여운 것이 우리의 아이들입니다.

우리 모두 아이들에 대해 애착을 끊읍시다. 놓아줍시다. 우리는 아이들을 낳아주고 일정 기간 동안 외풍을 막아준 것으로 우리의 책임은 다한 것입니다. 이 이후의 일은 전적으로 그들 자신이 책임지게 해야 합니다.

다만 한 가지, 관심마저 끊으면 안 됩니다. 아이들을 풀어줘서 마음껏 저 넓은 들판을 뛰어 다니게 하되, 혹시라도 길은 잃지 않는지, 또는 나쁜 이들이 쳐놓은 덫에 걸리지는 않는지, 낭떠러지에 떨어지지는 않는지를 늘 밝게 관찰하여, 만약 그런 어려움이 있으면 언제라도 즉시 도와주러 갈 만반의 준비가 되어 있어야 합니다.

이러한 부모의 관심과 사랑은 마침내 우리 아이들을 밝고 건강하게 자라게 하여, 스스로는 넉넉하고 행복한 삶을 살게 하며 밖으로는 이 세상 모든 이들을 이롭게 하고 그들에게 도움이 되는 사람이 될 것임을 믿어 의심치 않습니다.

부모가 죽어야 자식이 산다

아이들이 사춘기에 이를 때면 자아의식이 강하게 싹틈과 동시에 부모로부터의 독립을 시도합니다. 이 때 부모와 자식 사이에는 많은 대립과 갈등이 심화됩니다.

아이들, 특히 아들의 경우에는 아버지와의 갈등이 당연한 것입니다. 대개 아들은 아버지가 우상(偶像)인 경우가 많은데, 아이의 자아가 성숙되기 위해서는 아버지와 한 번은 부딪쳐야 합니다.

아무리 그 동안 좋은 부모고 존경하던 아버지라 하더라도, 적어도 한 번은 아버지의 모든 것을 부정하고 아버지를 뛰어넘어 봐야 합니다. 그래야만 정말로 아이들은 성숙되는 것입니다. 즉, 부정하던 아버지의 모습은 길고 긴 방황과 부정 끝에 다시 대긍정으로 돌아오게 되며, 이 과정에서 아이들의 정체성과 자아는 한없이 눈부시게 성장합니다.

그런데 만약 이런 과정이 아예 없거나 있더라도 부모에

의해 강하게 거부되면 아이들의 정체성과 자아는 아예 성장을 정지하게 됩니다. 어른이 되어서도 부모에게 의존적이며 부모님의 말이라면 거역을 못하고 쩔쩔 매는 유아적인 성인들의 모습은, 청소년기의 바로 이런 자아와 정체성 확립의 시기를 제대로 보내지 못한 탓에 기인합니다. 이렇게 되면 모두가 불행해집니다. 얼마 전 아버지를 살해한 어느 중년의 대학 교수의 이야기도 이런 원인이 있었을 것이라고 저는 생각합니다.

아이가 청소년기에 이르면, 부모는 죽어야(?) 합니다. 부모가 그 자리에 있으면 처절한 싸움밖에 날 것이 없습니다. 아이는 부모를 뛰어넘어야 성장하는데, 자신이 바로 서기 위해서는 부모를 넘어뜨려야 하는데, 부모가 도중에 떡 버티고 서서 피해 주지를 않는다면 전투는 불가피한 것입니다. 여기서 서로를 오해하여 예의에 어긋나거나 섭섭한 언행들이 오고 가면 그야말로 끝장입니다. 영화의 소재가 되는 이런 부자간, 또는 모녀간의 갈등은 다 이런 이유에서 기인한 것에 지나지 않습니다.

또 우리 부모들은 우리 자신의 욕심을 스스로 어느 정도 자제해야 합니다. 내가 잘나려 하면 내 자식이 못 자랍니다. 아이러니하게도 부모가 어느 정도 못나야 자식이 희망을 가지고 자라나는 것입니다. 내가 완벽하고 내 명예

를 높이고 내 사업만 성공하려 들면 자식들은 점점 멀어
져 갑니다. 부모가 좀 모자라는 점도 있고 그것을 아이들
에게 인정도 하며 노력할 때 우리 모두가 힘차게 성장합
니다. 우리 주위에는 부모는 뛰어난데 그런 부모만큼 뛰
어난 자녀들을 보기가 그리 쉽지 않습니다. 모두 부모가
자식의 기를 꺾고 성장을 막았기 때문입니다. 겉으로 보
기에는 부모님들이 아이를 무척 위하는 것 같은데 사실은
아이의 성장을 우리 자신이 막고 있는 것입니다.

자식을 키우려는 부모는 성장기가 되면 스스로 사라져
야 합니다. 이 말은 문자 그대로 멀리 가라는 말이 아니고,
내 입장, 내 욕심에서 사라지라는 말입니다. 그리고 아이
의 성장을 앞에서 부딪히거나 자꾸 이끌려 하지 말고 뒤에
서 보고 지켜주라는 이야기입니다. 내 욕심을 조금 자제하
고, 그래서 사업이다 연구다 하면서 아이들이 나를 필요로
하는데도 내 시간이 없어 외면하지 말아야 합니다.

또한 아이의 방황과 고뇌를 인정해 주고, 나도 그 시절
엔 그랬다고 격려해 주어 행여나 가질지 모르는 죄책감에
서 해방되게 하며, 아이들이 반드시 부모처럼 모든 고뇌
를 승화시켜 훌륭한 어른으로 자라 줄 것을 믿고 의심하
지 말아야 합니다. 그래야만 우리 아이들은 힘차고 믿음
직하게 자라나는 것입니다.

144

우리 모두, 우리 아이들을 위해 나를 죽입시다. 내 욕심, 내 입장에서 모두 사라집시다. 그리하여 한없이 우리 아이들을 섬기고 공양해 드립시다. 아이들은 모두 우리를 찾아 온 작은 부처님들입니다. 우리가 내 욕심을 죽이고 이런 작은 부처님을 섬기고 공양할 때, 우리 아이 부처님, 예수님들은 어느새 큰 부처님, 예수님으로 자라나 일체 모든 중생들의 밝디 밝은 등불이 될 것입니다.

전생은 수행자, 금생은 범부의 삶

　제게는 저를 친동생처럼 아껴 주시는 보살*님 한 분이 계십니다. 제 선배님의 부인이신데, 이 분은 워낙 보살님 상이라 처녀 시절에는 비구니스님들께서 상좌* 삼으시려고 탐을 많이 내셨다지요.

　전생에 여러 생을 닦으신 분이라(그런데 당신께서는 이런 말씀 드리면 기겁을 하고 부인하신답니다), 마음도 더없이 넓어 만나는 분들마다 아주 편해 하십니다.

　이 분이 지난 여름에 백련사 기도를 갔다 오시며 겪은 이야기입니다. 백련사에서 우연히 성철 큰스님 시봉을 극진히 하시던 거사*님의 부인(이 거사님은 큰스님 가신 지 일년 만에 세상을 떠나셨다고 합니다)이신 노보살님 한 분을 만나게 되었습니다. 처음 뵙는데도 어찌 된 일인지 이 노보살님이 이 분께 너무 잘 대해 주시더랍니다. 그래서 기

보살 | 본래는 불교의 성인(聖人)을 일컫는 말이나 여성 불교신도를 높혀 '보살'이라 부름
상좌 | 제자
거사 | 남성 불교신도를 이르는 말

146

도가 끝나고 돌아오시는 길에 노보살님 댁에 들러 3시간여를 같이 지내게 되었는데, 알고 보니 이 노보살님은 과거 전생을 낱낱이 보실 수 있을 정도로 수행이 깊으신 분이었다고 합니다.

그런데 이 노보살님은 당신이 다른 분의 전생을 보실 수 있을 뿐만 아니라 다른 분 스스로도 직접 자신의 과거 생을 볼 수 있게 해 주실 정도로 법력이 대단하신 분이었습니다. 노보살님 당신께서는 이 분의 28생 전을 보아 주시고, 이 분은 노보살님의 도움으로 자신의 8생 전까지를, 그야말로 장장 두 시간 동안 올 컬러(All color)로 보시게 되었답니다.

전생을 보면서 보살님은 감탄을 금치 못했는데, 중국과 유럽에서도 각기 태어났으며, 최근엔 조선시대 수행승의 모습이 보이더랍니다. 현재 자신의 몸은 여성이지만 8생의 거의 대부분을 놀랍게도 '남자' 로 태어났더랍니다!

이 사실을 보자 보살님은 어릴 때부터 품어 오던 의문 하나가 풀려버렸습니다. 어릴 때 보살님은 당신이 '여자라는 것' 이 너무나 싫었는데, 왜 그랬는지는 모르겠지만 여하튼 무조건 싫었다는 것이지요. 그런데 그 의문이 과거 생을 보면서 풀렸답니다(하기야 여러 생을 남자 수행자로 사셨던 분이니, 여성의 몸이 오죽이나 갑갑했겠습니까?).

또 지금 만난 여러 인연들이 과거에 다 만났던 인연임도 보았다고 합니다. 왠지 처음인데도 마음이 끌리고 처음 만난 것이 아닌 듯했던 분들이, 다 과거 생에 좋은 도반이요, 같이 만나 희로애락을 같이 하던 이들이었다나요?

그리고 보살님은 아셨다고 합니다. 아, 이 몸뚱이 이게 정말 '나(眞我)'가 아니구나, '그런 것이 내가 아니다'라는 부처님의 말씀을 수없이 듣고서도 그저 한 남자의 아내, 아이들의 엄마, 그것이 나의 전부인 줄 알고 있었는데, '그게 아니구나. 아, 정말 부처님 말씀은 거짓이 없구나. 정말 공부해야겠구나. 내 본래 면목을 한 번 찾아 봐야겠구나(그 노보살님의 말씀에 의하면, 노보살님이 보신 그 분의 28생 중, 14번을 남자 수행자로 오셨다고 합니다).'라는 각오가 생기더랍니다. 3시간의 짧은 만남을 끝으로 헤어져 서울로 올라오셔서, 놀랍고 뜨거운 보리심으로 저에게 전화를 거셔서 저도 그 소식을 알게 되었던 것이지요.

정말 그럴 것입니다. 이 보살님 말씀처럼, 지금 이 모습의 나, 하루하루 범부의 아내요, 남편, 부모 자식으로 힘겹게 아등바등 살아가고 있는 내가 진실된 나(眞我)가 아닌 것입니다. 이렇게 초라한 것이 나의 본래 면목이 아니었던 것이지요. 그런데도 우리는 우리의 본래 모습을 잊고 꿈처럼 중생의 삶을 하루하루 살아가고 있는 것입니다.

사업에, 자식 걱정에 목을 메고, 무엇을 위해 왔고 어디로 가는지도 모르고, 고작 70여 년을 별것도 아닌 희로애락에 일희일비하며 웃고 시달리다 꿈처럼 허망하게 가버리는 것이 우리네 모습입니다.

본래 찬란했고 본래 밝았던 그 참 모습을 까마득히 잃고, 그저 눈앞에 보이는 이 몸뚱이, 이 형상이 정말 '나' 인 줄로만 알고 속아서 그렇게 보내는 것입니다.

부처님은 그런 '나', 허망한 '나', 눈 앞에 보이는 '나' 는 진짜 '나(眞我)' 가 아니라고 말씀하셨습니다. 그런 모습에 속지 말라고 설하셨습니다. 그렇게 애타도록 가르쳐 주시는데도 우리는 그 말씀을 하나도 믿지를 않았던 것입니다.

그렇지만 이 보살님의 경험처럼, 우리의 본래 모습은 '현재의 나' 가 아닌 것입니다. 아무리 내가 성공했든 아무리 내가 잘났든, 이것은 나의 본 모습이 아닙니다. 고작 수십 년만 지나면 없어질 그런 '허망한 나' 인 것입니다. 아무리 이 말을 부정한다 하더라도 틀렸다고 할 수는 없습니다. 모르는 것은, 내 가슴에 와 닿지 않은 것은 '내가 공부 안 한 탓' 이지 부처님 가르침이 그른 것은 아닌 것입니다.

우리 모두 그런 허망한 우리의 모습에 속지 마십시다. 나의 본래 모습은, 일상 생활에 찌들고 세상 원망이나 하는,

그런 못난 '나'가 아니었을 것입니다. 우리 모두 그 옛날, 하늘은 높고 별들은 아무리 세어도 쏟아지고 또 쏟아지던, 그 맑고 푸르던 날이 바로 우리의 본 모습일 것입니다.

비록 그 보살님처럼 그런 신통은 입지 못했어도, 우리 마음을 늘 살피고 경계하여 본래의 나, 참나를 기필코 찾아내어 '본래 면목의 삶'을 살아가시기를 삼세의 일체 부처님 전에 발원 드려 봅니다.

본래 서원을 잊지 맙시다

우리가 삶을 찾아 이 땅에 오는 것은 아무런 이유 없이 그냥 오는 것이 아닙니다. 모두들 크나큰 서원을 가지고 오는 것입니다. 그런데 생을 받는 순간 우리는 그 서원을 잊어버립니다. '본래 네 모습을 찾아라' 하는 숱한 조사 스님들의 가르침은 바로 우리의 본래 서원을 찾기 위한 것일지도 모릅니다.

우리는 큰 뜻을 가지고 이 땅에 중생으로 옵니다. 하다 못해 길 가의 강아지 한 마리도 그냥 이 땅에 중생으로 오는 것이 아닙니다. 모두 이유가 있어서 옵니다. 아무도 알아주지 않는 곳에서 이름 없이 피다 지는 저 꽃 한 송이도 그냥 왔다 가는 것이 아닙니다. 비록 초라하기 짝이 없지만 모두 이 세상을 잠시라도 아름답게 하고 흙 한 줌이라도 더 하고 가는 것입니다. 하물며 사람은 오죽 하겠습니까.

이러함에도 우리는 우리의 본래 서원을 까맣게 잊고 꿈처럼 하루하루를 오욕락에 취해 살아가는 것입니다. 그저 눈앞의 이익만 쫓아, 온 세상 걱정은 혼자 다 하며 내 자식, 내 남편에 집착하며 살아갑니다. 잡으면 사라지는 신기루 같은 명예, 재산에 내 영혼을 팔며 본래 맑았던 나의 모습은 점점 세파에 물들어 갑니다.

그리고 때로는 이룩한 그 큰 재능, 그 많은 재산이 우리의 본 모습, 본래 온 목적을 모르므로, 내게 이익이 되는 게 아니라 오히려 나를 죽이는 결과를 가져옵니다. 남을 도와주는 게 아니라 오히려 남을 위해(危害)하는 데 사용하여, 마침내 우리는 서로 원수가 되고 마는 것이지요. 그러다가 때가 되면 우리는 '나 간다', 말 한 마디 못하고 어느 날 갑자기 떠나 버리고 마는 것입니다.

참으로 분하고 원통한 일이 아닐 수 없습니다. 우리는 아무렇게나 살려고 이 땅에 온 것이 아닙니다. 또한 아무렇게나 살아도 그만인, 그런 삶이 아닌 것입니다. 인간 몸 받기가 얼마나 어렵다고 합니까(밝은 분들의 법문에 의하면 영가*들이 사람 몸 받기를 얼마나 간절히 원하는지 모른다고 합니다).

우리는 그저 일생을 술이나 먹고 남과 싸우고 남을 미워하고 남을 원망하며 살아가기 위해 온 것이 아닙니다. 내

____

영가 | 영혼

인생은 성적(性的) 쾌락에 미쳐 불혹의 나이가 지나도록
청소년들처럼 이성(異性)이나 뒤쫓아도 좋은 그런 것이 아
닙니다. 또한 내 삶은 남이야 어떻게 되든 내 재산이나 모
으고 나만 배 부르려고 온 것은 아닙니다. 내 쾌락을 위해,
내 자랑을 위해 온 것은 더 더욱 아닌 것입니다.

본래 서원을 잊지 맙시다. 내가 왜 이 땅에 왔는지, 왜
내가 이 세상에 인간의 몸으로 현재를 살아가는지 잊지
맙시다. 이 귀하고 소중한 삶을 아무 보탬이 안 되는 그런
일로 엄벙덩벙 보내지 맙시다.

다만 지금은 비록 모두 다 잊어 버렸지만, 우리가 아득
한 옛날에 세웠을 그 애절했던 서원을 다시 찾아, 금생은
반드시 '서원의 삶' 을 살아 가시기를 모든 불자님들과 함
께 부처님 전에 발원 드려 봅니다.

참으로 잘 오신 부처님

부처님의 삶을 보면 우리 부처님은 참으로 잘 오신 분이라는 것을 느낄 수 있습니다. 출가 전의 부처님의 삶을 보면 그 삶은 참으로 건강한 삶이라는 것을 알 수 있습니다. 비록 어머니가 일찍 돌아가시고 철이 들자 무상을 뼈저리게 느끼시고 고뇌하기 시작하시지만 그것은 어디까지나 '건강한 병' 이었습니다. 무예도 뛰어나며 총명하시어 하나를 들으면 열을 아셨다고 합니다(부처님은 7살에 입학하시어 문무를 겸비하시니, 64종의 책을 읽고 29종의 무예에 능하시어 발군의 모습을 보이셨다고 합니다. 19세에 아리따운 야수다라와 결혼하시고, 29세에 라훌라를 보시게 되지요).

이런 부처님의 건강한 모습은 대단히 중요한데, 그것은 부처님이 중생이 가는 '보편적인 삶' 을 사셨다는 것입니다. 물론 태자의 삶이 보편적인 삶이라고 할 수는 없겠지만, 부처님은 현실에서의 어떤 불만 때문에 현실을 버리고 고행의 길을 가신 것은 아닌 것입니다. 적어도 부처님은 몹쓸 부모를 만나서, 돈이 없어서, 지위가 낮아서, 자신의 처지가 비참해서, 자신의 열등감 때문에 출가하시지는 않았다는 것입니다. 부처님의 삶은 하나도 어두운 곳이 없습니다. 그러므로 부처님의 출가는 참으로 위대한 것입니다.

우리 주위에는 훌륭한 가르침을 깨치고 훌륭한 업적을 이룩하셔서 세인의 귀감이 되는 분들이 많지만, 그 중에는 간혹 본인의 열등한 그 무엇 때문에 일종의 반감이나 반사 작용으로 자기와 다른 삶이나 가치를 부정하는 것을 볼 수 있습니다.

예를 들면 당신 스스로가 일류 대학을 못 나왔기 때문에 일류 대학을 나온 분들을 공부만 할 줄 아는 꽁꽁 막힌 분이라고 오히려 비하하고, 당신이 가난하게 자랐기 때문에 부유하게 자라는 아이들을 자기만 안다고 비판하고, 당신의 지위가 높지 못하기 때문에 명예를 얻은 분들을 명리만 좇는 분이라고 비판하는 일들이 그런 것입니다.

그러나 그런 말들은 듣는 분들에게 큰 설득력을 가지지 못합니다. 그것은 그런 말을 하시는 본인이 그런 삶을 살지를 못했기에 그렇습니다. 만약 부처님이 장래가 보장되는 태자가 아니었다면, 만약 부처님이 온갖 보배 속에 살지 않았다면, 만약 부처님이 절세미인을 아내로 맞이하지 않았다면, 만약 부처님이 자식을 갖지 않으셨다면 비록 부처님이 대각을 이루신 분이라 하더라도 그 분의 가르침이 대중들에게 그만한 설득력을 가졌겠습니까?

아무리 부귀영화가 꿈과 같은 것이라고 부르짖으시더라도, 아무리 애착을 끊으라고 말씀하시더라도, '에이, 부처님은 그런 것이 아예 없었으니까 출가도 하실 수 있고 그런 말씀도 하실 수 있는 게지. 부처님은 남녀의 정, 부자의 정을 모르시는 분이었으니까 그럴 수 있으신 게지.' 하고 부처님의 그 사자후를 자신과는 무관한 것이라고 무시해 버리기 쉬울 것입니다.

그러나 부처님은 그러시지 않았습니다. 장래가 보장된 태자의 삶을 사셨고 이쁜 아내와 사랑스런 아이와 함께 행복한 가정을 꾸려 보셨던 분이기에, 부귀 영화는 꿈과 같은 것이라는 말씀이 더 더욱 애절하며 사랑하는 이에 대한 애착을 버리고자 하는 그 모습이 더 더욱 절실하게 우리 가슴에 울려오는 것입니다. 그런 근본적인 상식을 우리와 같이 공유하셨던 분이기에 부처님 말씀은 우리에게 설득력을 갖고 큰 감동으로 오는 것입니다.

참으로 잘 오신 부처님! 건강하게 오셔서, 그냥 그렇게 살아 가셨다 하더라도 하등의 비난이 될 수 없으며, 또한 그렇게 사셨으면 인간적으로 더할 나위 없이 복을 누리셨

을 우리 부처님! 그런 부처님의 중생을 위한 위대한 결단
은 우리들 가슴에 이렇게 깊은 감사와 감동을 가져오는
것입니다. 참으로 부처님은 건강하게 오셔서 건강한 병을
그토록 깊이 앓으시고, 중생을 위하여 마침내 건강하게
그 병을 이겨내셨던 것입니다.

참으로 잘 오시고 참으로 큰 가르침 주신 우리 석가모니
부처님! 부처님 깊은 은혜 크신 원력에 감사와 발원, 드려
봅니다.

한 방울의 물이 바다에 들어가면

한 방울의 물이 바다에 들어가면 그 즉시 바다가 됩니다. 비록 물 한 방울은 작고 보잘것 없는 존재에 불과하지만, 바닷물에 들어가면 이렇듯 달라지는 것입니다. 바닷물에 들어가는 순간 작고 미천한 모습은 그 즉시 없어지고 푸르고 넓은 바다의 모습으로 변환됩니다. 물방울로만 남아 있었다면 아침 햇살에 불현듯 사라지는 이슬과 같이 언제 사라질지 모르는 운명이지만, 바다에 들어감으로써 넘실대는 바다와 같은 영원한 생명을 살게 되는 것입니다.

우리 중생도 마찬가지입니다. 개개인으로 보면 비록 보잘것 없고 미천한 존재일지 모르나, 단체에 가입하고 집단을 이루면 큰 모습으로 달라지는 것입니다. 우리가 각자 개인으로 존재하는 한 우리의 한계를 벗어나기가 어렵습니다. 그러나 한 단체, 한 집단으로 뭉치면(또는 일원이 되면) 개인의 한계를 벗어날 뿐 아니라 이렇게 엄청난 상승 효과가 나타나는 것입니다. 적당한 예인지는 모르나,

어렵고 고차원적인 예보다는 일상사에서 예를 한 번 들어 봅시다.

폭력배들은 조직을 이루는 경향이 강합니다. 그것은 비록 힘없고 볼품없는 폭력배라 하더라도 좀더 전문적인 조직에 가입하게 되면 남이 함부로 못 건드리기 때문일 것입니다. 권한도 더 강해집니다. 유명한 SF영화 '에이리언'을 보더라도, 외계 생명인 에이리언도 자기 종족은 건드리지 않지 않습니까? 또 어떤 모임의 회원이 되면 그 단체가 갖는 모든 특권을 그 때부터 누릴 수 있게 됩니다. 이런 이유로 사람들이 동호회니 동창회니 등등, 갖가지 모임을 그렇게 기를 쓰고 만드는지도 모르겠습니다.

우리가 종교를 믿고 수행을 하고 구원을 바라는 것은 바로 이런 원리입니다. 우리는 우주의 본 모습에 가까워짐으로써 우주와 하나가 되고 해탈하게 되는 것입니다. 우리가 자연의 본 모습에 일치하게 됨으로써, 우리는 온갖 갈등을 벗어나고 작고 못나기만 하던 작은 나(小我)에서 더 크고 모든 것이 원만한 큰 나(大我)로 바뀌는 것입니다. 우리가 우주와 하나가 되면 생사거래(生死去來)가 없어집니다. 그것은 우주 자체에는 본래 생사거래가 없기 때문입니다.

또한 우주와 하나가 되면 온갖 번뇌가 없어집니다. 그

역시 우주 본연의 자리에는 번뇌란 없기 때문입니다. 있다면 오직 하나, 일체 생명을 꽃피우고 번성시키겠다는 법신불(法身佛, 진리로 충만한 우주 본 모습을 이르는 불교 용어, 기독교의 창조주와 비슷한 개념임)의 대원력(大願力)만이 있을 뿐입니다.

우리의 믿음, 수행은 기어코 이렇게 우주 본 모습과 하나가 되어야 합니다. 또한 이렇게 하나되는 과정이 수행이고 종교입니다. 종교는 그 종류, 이름에 상관없이 진리와 하나되는 것을 궁극적인 목표로 삼습니다. 다만 그 종교가 인간 사회에 유포되는 과정에서 인간의 한계로 인해 변조되어 오늘날같이 이렇게 다양한 모습, 깊은 갈등이 생기게 된 것뿐이지요.

종교, 피부색, 남녀노소에 상관없이, 그리고 저 이름 없는 벌레와 풀 한 포기까지 포함한 한 생명 한 마음으로, 우리 모두 진리와 하나가 되는 삶을 살아가시기를 부처님 전에 발원 드려 봅니다.

곳곳에 오시는 부처님

따뜻한 햇볕 속에 고운 이슬 머금고 곳곳에 피어나는 봄 꽃들처럼, 환한 미소 머금으시고 환희와 축복 가득 안고 곳곳에 오시는 부처님들! 온 누리에 봄 노래 가득 넘치고, 녹은 눈 흘러내리는 저 산과 들에는 기쁨과 희망으로 오시는 부처님 소리 우렁찹니다.

무진의 보살은 부처님께 여쭙니다.

"부처님, 관세음 보살은 어떻게 중생을 구제하십니까?"

이에 부처님은 이렇게 말씀하십니다.

"무진의야, 만약 어떤 중생이 부처님 모습으로 제도될 것 같으면 부처님 모습으로 오고, 수행자 모습으로 제도될 것 같으면 수행자 모습으로 온단다. 높은 임금이나 권력가의 모습으로 제도될 것 같으면 그렇게 오고, 상인이나 거사의 모습으로 제도될 것 같으면 또 그렇게 오신단다."

부처님 말씀은 계속 이어지지만, 결국은 일체 중생의 제도 인연에 따라 그 모습으로 오신다는 것이 그 핵심입니다. 우리가 우리 눈(肉眼)으로만 볼 때는 단지 그저 흘러가는 시냇물이나 무심히 지나가는 나그네처럼 보일지 모르나, 부처님의 눈(佛眼)으로 보면 이 세상 그 어느 인연, 그 어느 중생의 모습도 대자대비하신 관세음과 부처님 모습 아닌 것이 없다는 말씀입니다. 바꿔 말하면 우리가 깨치지 못하고 어리석은 삶을 사는 한 아무리 옆에 보살이 현전하셔도 보살인 줄 알지 못하고, 수기를 받은 부처님이 현전하신다 해도 부처님이 될 수는 없는 것입니다.

석가모니 부처님도 발심하셔서 보리수나무 아래에서 깨치기 전에는, 그저 조그만 왕국의 번뇌 많은 태자인 줄로만 아시고 35년을 그렇게 속아서 사셨습니다. 아득한 겁 이전에 이미 여러 부처님으로부터 "너는 나중에 석가모니 부처님이 될 것이다!"라는 장엄한 수기를 한두 번도 아니고 수없이 받으셨는데도 말입니다.

청나라 순치 황제도 발심하여 출가하기 이전까지는, 자신이 본래는 수없이 많은 생을 닦던 수행자였던 것을 모르고 그저 한 나라의 임금인 줄만 알고 18년 동안을 전쟁터에서 그렇게 고달프게 보내셨습니다.

석가모니 부처님도 그러하시고 순치 황제도 그러하셨거늘 하물며 저희 같은 번뇌 중생은 오죽하겠습니까. 그러나 부처님의 법문에서 보면 이 세상의 원래 모습은 확연히 드러납니다.

내 앞에서 하나라도 더 팔려고 목놓아 소리치는 저 시장 거리의 이름 없는 상인이 알고 보면 바로 나를 상인의 모습으로 구제하러 오신 관세음보살인지도 모르며, 저 무대에서 노래 부르시는 저 이름 없는 무명 가수님도 삶에 지친 나를 위로하기 위해 노래 공양하러 오신 겁 이전의 부처님이 아닐 수 없습니다. 다만 내가 반야의 눈을 뜨지 못해 내 수준으로만 보기 때문에, 나를 위해 오신 보살님, 부처님이 보이지 않는 것뿐입니다. 그렇다면 앞으로 우리 모두가 할 일은 자명합니다.

첫째는 제게 다가오시는 모든 인연, 모든 분들을 겁 이전의 부처님과 조금도 다름없이 똑같이 모시는 일이며, 둘째는 내 스스로 겁 이전의 발심하신, 그리고 수기 받으신 부처님으로 다시 태어나는 일(復活)입니다. 내가 비록 지금은 보잘것 없는 이 모양 이 모습으로 살아가고 있지만, 사실은 못나고 멸시받을 그런 '비천한 나(我)'가 아니라, 겁 이전에 성불의 수기를 받았으며 금생에는 기어코 성불하여 일체 중생을 고통에서 벗어나게 할 그런 부처님이 될 사람이라는 것을 확연히 알아, 실지로 그렇게 여법하게 살아가는 것입니다. 이 사실을 알고 나면 우리에게 오는 그 어떠한 고난도 축복 아님이 없고, 우리에게 오시는 그 어떠한 분도 부처님 아닌 분이 없습니다.

지금껏 불어 왔던 몹쓸 비바람도 언제부터인가 푸르른 하늘로 바뀌고, 화사한 부처님들은 곳곳에 오시기 시작합니다. 나를 도와주시고 격려해 주시는 착한(?) 부처님뿐만 아니라, 나를 괴롭히고 윽박지르는 자비(?)하신 부처님도 오시기 시작합니다.

곳곳에는 봄날이요, 곳곳에는 온 누리 가득 현전하시는 부처님들뿐입니다. 그리고 우리 역시, 이제는 부처님처럼 살아가야 합니다. 매일 삶에 짓눌려 남의 탓이나 하고 한숨과 원망 속에 살아 갈 것이 아니라, 우리 모두 겁 이전에 수기받은 부처님 되실 분들인 것을 알아 남들에게 희망과 용기를 주며 환희 속에 살아가야 합니다. 그것은 수기 받은 자의 의무요, 불자들의 책임입니다.

곳곳에 오시는 부처님들, 어서 오십시오!. 거리에서, 고통받는 그 곳에서, 그대로 성불하십시오!. 번뇌가 변해서 보리가 아니라, 번뇌 그대로가 보리인 줄 그 자리에서 아셔서 바로 그 곳에서 부처님 되시옵소서.

출가하신 스님 부처님은 용맹정진으로 부처님 되시고, 노래하시는 가수 부처님은 노래로써 부처님 되시옵소서. 혜능은 방아 찧다 깨달으시고 바보 주리반특*은 청소하다 깨달으십니다. 그렇다면 우리 비록 번뇌 많은 사바 중생이긴 하지만, 우리 삶의 도구 하나하나가 바로 그대로 성불의 도구 아님이 없을 것입니다.

저에게 오시는 분이 부처님 되시고, 저를 만나시는 분에게 저희가 부처님이 되어 드릴 때, 세상은 평화롭고 온 누리 곳곳에 부처님 나투시는 소리 아니 울려 퍼지는 곳 없을 것이니, 불자님들이시여! 우리 모두 희망과 기쁨으로 오시는 이 많은 부처님들을 환희와 찬탄으로 맞이하시옵기를 발원 드리옵니다.

주리반특 | 부처님 제자, 머리가 너무 나빠 그만 속세로 돌아가라는 권유를 받고 울다가 부처님의 가르침을 듣고 깨달아 아라한이 됨. 부처님은 주리반특의 손에 빗자루를 들리우시고 '소세(掃儜),' 즉 빗자루라는 글자를 가르쳐 주시고 외우라고 하셨는데, 주리만특은 빗자루질 하다 '소세' 는 '때' 를 없애는 것이요, 또 '번뇌는 때요' 지혜는 없애는 것이니 지혜의 비로써 번뇌를 쓸어버려야 한다는 사실을 깨닫고 아라한이 됨.

부처님 인연이 깊은 분들

　제가 정말 작은 마음을 내어 겨우 수행이랍시고 흉내라
도 내기 시작하면서 저에게 조금은 이상한 일이 닥쳤는
데, 그것은 사람을 만나면 그 분의 종교적 인연이 조금씩
느껴지는 것이었습니다. 그런데 참으로 제게 이상했던 사
실은, 현재 믿고 있는 종교를 떠나(무슨 종교든간에) 제가
만나는 분 거의 대부분이 불교적 인연이었던 것입니다.
그래서 저는 스스로 '내가 무슨 선입견이 있나' 하고 의아
스러워하기도 했는데 그런 것은 아니었던 것으로 생각됩
니다.

　사람이 생을 바꿀 때 대부분은 인연 따라 가게 되고 그
런 이유로 한국에서 인연을 지었던 분들은 한국에서 다시
태어날 확률이 높으며, 한국이란 나라는 이천 여 년을 불
교적 문화에서 살아 왔으므로 아무래도 한국에 오시는 분
들은 불교적 인연이 다른 종교보다 더 깊었던 것이지요.
제가 만나는 분 대부분이 불교적 향기가 진했던 것 역시

이와 같은 이유에서였을 것입니다.

불교적 인연이 깊은 분들은 몇 가지 특징이 있습니다.

먼저 마음이 너그럽습니다. 그래서 예민한 일들이나 종교적 문제에서도 너그럽게 이해해 주거나 양보하는 경향이 있습니다. 내 마음 편한 것보다는 상대 마음이 편한 것을 더 소중히 여깁니다. 그러므로 가족 간에 종교적 문제가 생기더라도 쉽게 자신의 종교를 양보하십니다. 이런 모습을 보고 다른 분들은 자신의 종교가 우월해서 그랬다고 우쭐해 하실지 모르나, 사실은 중생의 뜻을 따라 주겠다는(隨順衆生) 깊은 자비심이 내재한 결과입니다.

또 남의 허물을 보는 데 익숙하지 못합니다. 남을 비난하고 공격하기보다는 감싸주고 이해해 주려는 마음이 더 강합니다. 그 반면 남이 강력히 자신을 비난하고 공격할 때면 금방 대항을 하지 못합니다. 어? 내가 정말 그랬나? 하며 자신을 먼저 반성하는 일에 익숙하지, 그래서 같이 맞받아 치더라도 나중에 생각하니 분하고 억울해서(?) 그러지 당장에는 자기 허물을 먼저 생각하는 일에 더 능숙합니다(옆에서 보면 바보 소리 듣기 딱 알맞습니다).

그리고 남이 싫어하는 일(말), 남에게 피해 주는 일 등을 하지를 못합니다. 그냥 자신이 양보하고 말지 남의 양보를 받으려고 하지는 않습니다. 마음이 모질지를 못해 상대방이 거짓인줄 뻔히 알면서도 날카롭게 추궁하지를 못하며, 설혹 자신이 거짓말을 하게 되더라도 남은 가만 있는데 본인이 더 안절부절합니다. 부탁을 받으면 냉정히 거절하지를 못하고, 남이 나에게 피해를 입히더라도 어쩌다 저랬을까, 딱하기도 하지, 하며 원망하기 앞서 그 사람이 스스로 잘못을 뉘우치기만을 기다립니다.

눈에는 눈, 이에는 이, 이런 식의 복수는 꿈도 꾸지 못합니다. '남을 죽이느니 차라리 내가 죽지' 하는 마음입니다. 남이 무엇을 주거나 가르치면 의심하기보다는 그대로 믿고 따르려 합니다. 남이 너 나쁘다, 그러면 그런 말을 한 상대방을 공격하고 의심하기보다는 그래, 내가 참 나빴지, 하면서 스스로를 돌이켜 봅니다. 그러므로 사업을 하더라도 재물을 모으기보다는 남에게 피해를 안 입히고 도움이 되는 방향으로 일을 하려 합니다. 당연히 재물에 큰 관심을 두지는 않습니다.

이 밖에도 살생을 싫어하여 고기를 먹더라도 마음이 썩 즐겁지는 않습니다. 대체적으로 물건을 아끼며 검소하고 특히 식품은 쌀 한 톨이라도 낭비하지 않으려 합니다. 당연히 사치하는 일이 드물지요.

외모에도 무심하여 크게 꾸밀 줄을 모릅니다. 남성은 물론 여성 분들도 화장에 익숙하지 않아 본인은 물론 보는 이들 속을 무던히도 썩힙니다. 또 남녀 간에 사귀는 것이 비교적 서툽니다. 하지만 의지가 강하고 낙천적이어서 웬만한 고난에도 넉넉한 마음을 잃지 않습니다.

그런데 제가 말씀드린 불교 인연의 특징을 가만히 보시면 또 하나 생각나는 것이 있을 것입니다. 불법의 특징을 가장 많이 가진 사람들, 그것은 바로 우리 민족의 모습입니다.

우리 민족은 예로부터 남을 탓하기보다 자신을 탓하는 데 익숙합니다. 손님이 오시면 자기 가족은 못 먹여도 손님에게는 쌀밥을 대접합니다. 다른 나라에서 물건이나 가르침이 올라치면 아주 큰 호기심을 갖고 그대로 따라 합니다. 많은 다른 이유가 있겠지만 천주교가 그리도 쉽게 이 땅에 퍼지게 된 것도, 천진암이 절이 아니라 그 분들의 성지가 된 것도 다 그런 연유가 어느 정도 있을 것입니다.

이런 우리 민족이니 이 땅에 오신 분들은 지금 종교가 무엇이든 간에 당연히 불교적 향기가 진하게 나올 것이고, 이것이 제가 만나는 분 대다수에게서 불교적 인연을 느낀 주된 이유라고 생각됩니다.

제 4 장

그리운 부처님

눈 푸른 수행자, 현각 스님의 전법행

  숭산 큰스님의 외국인 제자 분들이 많지만, 한국에서 현각 스님만큼 대중들에게 인기가 있는 분은 없는 것 같습니다. 현각 스님은 다른 어느 외국인 스님들보다 강인하게 우리에게 다가오시며, 또 은사스님의 법문을 영역한다든지 하여 세계에 알리는 데도 큰 역할을 하고 있습니다. 다른 제자 분들도 나름대로 다 수행이 깊고 스님 모시는 마음이야 조금도 모자람이 없을텐데 왜 이런 차이가 있을까요? 제 생각에는 그 이유가 현각 스님과 한국의 인연이 좀 더 깊기 때문이 아닌가 합니다.

  현각 스님이 숭산 큰스님의 제자가 되어 스승의 나라를 방문한다고 김포공항에 도착했을 때 공항에서는 스님이 알지 못하는 노래 한 곡이 연주되고 있었습니다. 이 노래를 듣는 순간 스님의 가슴에는 알 수 없는 슬픔과 눈물이 일었다고 합니다. 그 후에도 여러 번 이 노래를 들었는데 그 때마다 그런 현상이 반복되었지요. 그 노래가 무슨 노래인지 무척 궁금해하던 스님은 마침내 어느 날 그 노래 이름을 알게 됩니다. 그것은 바로, '애국가'였습니다!

스님이 알게 된 자신의 전생은 이러했습니다. 스님은 지난 생에 일제 시대에 태어난 조선 독립군이었다고 합니다. 조국의 광복을 위해 거친 벌판에서 전투를 벌이던 스님은 어느 전투에서 마침내 전사하게 됩니다. 전사할 때 광복된 조국에서 마음껏 꿈을 펼치지 못하고 죽는 것이 너무나 한스러워서 한 가지 원을 세우게 됩니다. 다음 생에는 힘센 나라에 태어나 이런 비극이 없게 하겠다고 말입니다. 그 원이 인연이 되어 스님은 수십 년 뒤에 미국에서 태어나 명문 하버드대생이 됩니다.

지난 생에 이런 삶을 산 적이 있는 스님이므로 다른 어떤 외국인 스님보다 더 우리 마음을 잘 아시고 더 정서에 와 닿지 않은지, 그래서 더욱 더 스님을 좋아하는 우리 불자님들이 많은 것이 아닐까요? 스님의 수행과 법력이 다른 사형스님들보다 높아서라기보다 아마 그런 인연이 더욱 더 친밀하게 스님을 우리에게 다가오시게 하는 것인지도 모릅니다.

일타 큰스님께서는 열반을 미국 땅 하와이에서 하셨습니다. 저는 왜 그렇게 먼 곳까지 가셔서 열반하셨나 했는데, 20여 년 뒤에 미국에서 젊은 청년 하나가 불교를 배우겠다고 한국으로 오면 그 청년이 바로 나인 줄 알라는 부촉이 계셨다는 말씀을 듣고는 의문이 풀렸습니다.

이렇듯 우리가 오늘 이 자리에서 만나고 같이 살아가는 것은 모두 알지 못하던 먼 지난 날에 심어 놓은 소중한 인연의 결과일지니, 모두 모두 희유하고 감사한 일이 아닐 수 없습니다. 우리는 지금 어느 곳에 인연을 심을지 한 번 생각해 볼 일입니다.

마지막 시험

제 의과대학 선배님의 이야기입니다. 이 분은 87 년에 의학박사를 하셨는데 박사 학위를 받자 이제는 모든 시험에서 해방되었다는 안도감이 들었다고 합니다. 전문의에다 박사까지 끝났으니 정상적인 경우라면 이제는 정말 시험 칠 일이 없는 게 당연하겠지요. 그래서 이 분은 그 동안 하지 못했던 일을 하시는데, 이후 10년 간 거의 매주 일요일마다 낚시를 가십니다.

여느 낚시꾼과 달리 고기를 잡는 것보다는 낚싯대 드리워 놓고 고기를 기다리는 즐거움에 낚시를 가시던 이분은 (실지로 낚은 고기를 집으로 가져 가는 법이 거의 없으신 이 분은 잡은 고기에게 이 놈아, 다시는 어리석어 헛욕심 내다 이렇게 잡히지 말고 잘 살아라, 하시며 다시 물에 넣어 주곤 한답니다), 어느 날 문득 당신의 시험이 모두 끝난 것이 아님을 알게 됩니다. 그 지겹던 시험! 초등학교 때부터 시작된 중학교 고등학교 그리고 대학 입학 시험, 의과대학 6 년간은 또 얼마나 시험이 많은지… 그리고 석사 박사까지 다 치렀으니 이제는 그 지긋지긋하던 시험에서 정말로 해방된 줄 알았는데 알고 보니 인생의 가장 중요한 시험-노사(老死)! 즉 늙어 가고 죽는 것이 남아 있던 것이었습니다!

이 사실을 알고 난 이 분이 주위를 둘러 보니 대부분은 지난 날 당신과 같은 생각-이제 시험은 끝나고 인생을 그저 즐기면서 사시는 분들이 대다수이시고, 마지막 시험이 남아 있는 줄 아시는 분은 별로 안 계시더라는 것이었습니다. 이 분은 마라톤을 시작하며 몸을 가꾸고 더 열심히 일해 재정적 안정을 꾀하며 그리고 세례만 받고 나가지 않던 성당을 3년 전부터 다니기 시작합니다. 인생에 마지막 남은 시험, 그 시험을 참으로 잘 치르기 위해서 말입니다.

지금까지 우리가 치렀던 시험은 미리 예고하고 오지만 그래서 준비할 시간을 주지만, 마지막 시험은 한 마디 예고 없이 우리를 찾아 올 것입니다. 우리가 원하든 원하지 않든, 준비가 되었든 안 되었든 어느 날 갑자기 누구에게나 찾아 올 것입니다. 저를 포함한 모든 분들께서는 마지막 시험을 어떻게 치를 것인지 한 번 심각하게(?) 생각할 필요가 있을 것 같습니다.

바람직한 배우자는?

혼기를 앞둔 어느 젊은 여성 분으로부터 "어떤 남자가 인생의 배우자로 가장 바람직합니까?"라는 질문을 받은 적이 있습니다. 사람마다 제각기 견해가 다르겠지만 저는 '경제력 있고 가정적인 사람'이 가장 바람직하지 않을까 생각합니다.

'사랑이 밥 먹여 주나?' 라는 말도 있지만, 두 사람이 가정을 이뤄 자식을 낳고 평생을 살아가는 데는 사랑만이 아니라 물질적인 면도 대단히 중요합니다. 물론 사랑에 흠뻑 빠졌을 때야 상대방의 모든 것이 좋아 보이고 아무것 없더라도 살 것 같지만 막상 살아보면 그렇지 않습니다. 물질도 대단히 중요한 것입니다. 그러므로 한 가정을 책임질 가장이 될 사람은 남보다 잘 살지는 못해도 먹고사는 데 큰 지장은 없어야 하고 어떠한 경우에도 적어도 처자식 굶기지는 않겠다는 각오가 있어야 할 것입니다.

그런데 경제력은 있는데 사람이 가정적이지 못하면 이

것도 곤란합니다. 가정보다 사업이나 친구를 더 좋아해서 휴일은 아예 밖으로 나다니며, 아침에 출근하면 밤 늦게야 들어오고 아이가 커가는 모습보다는 사업장 매출에 더 신경 쓰시면 가정이 견디지 못합니다. 더구나 바람까지 피운다면 더 이상 드릴 말씀이 없습니다.

돈이야 많이 벌어 오지는 못하지만 그래도 끼니 걱정 없고 고액 과외 같은 건 몰라도 그저 아이들 교육시킬 정도는 되며, 행여나 수입이 끊어지면 리어카라도 끌어 식구들을 결코 굶기지는 않겠다는 각오가 있어야 합니다. 그리고 휴일이면 좋은 곳 놀러는 못 가더라도 아이들 손 잡고 집 앞의 놀이터에 같이 놀러가 주고, 밤하늘 별을 같이 세어 줄 수 있는 그런 사람이 시대가 변하더라도 변함없는 좋은 남편이요, 좋은 아버지가 아닌가 합니다.

그러면 남성에게 바람직한 배우자는 어떤 분인가? 사람마다 다르겠지만 저는 소위 '현모양처' 형이 아닌가 생각합니다. 그것은 여성의 사회적 성취도를 부정해서가 아니라 여성의 본성은 '모성' 이기 때문입니다.

여성이 비교적 마음이 여리고 너그러운 것은 남성보다 못나서가 아닙니다. 그렇게 해야만 생명이 그 싹을 내리기 때문입니다. 여유가 없고 냉혹해서야 어찌 생명이 움트고, 자랄 수 있겠습니까. 모자란 점을 덮어 주고 잘못한 점도 너그럽게 안아 줘야 비로소 생명은 용기를 얻어 성장하는 것입니다.

여성이 몸치장을 하고 아름다움을 추구하는 것은 그저 남에게 잘 보이기 위해서가 아닙니다. 물론 그런 점도 있기는 하겠지만 더 중요한 것은 치장을 하는 외형적 아름다움을 추구하는 행동이 내면적 아름다움으로 이어져, 가장 아름다운 아이들을 세상에 내 보내기 위해서입니다. 비열하고 거친 마음에서는 아름다운 심성을 지닌 아이들이 나오지 못합니다. 태교도 그래서 중요한 것입니다.

세상은 양과 음으로 이루어져 있는 이유도, 생명이 싹트고 자라기 위해서는 뜨거운 양의 기운도 필요하지만 때로는 시원한 음의 기운도 필요한 것입니다. 양과 음의 조화를 통해 만물은 소생하고 성장하는 것입니다.

이런 관점에서 볼 때 여성의 제일 덕목은 가정을 편안하고 풍요롭게 만드는 것이 아닌가 합니다. 지친 남편, 지친 아이들이 집안에 들어 왔을 때 따뜻하고 환한 아내, 어머니가 지키고 있는 가정이 우리가 추구하는 가정이 아닐까요?

그렇다고 해서 저의 이 말에 여성 분들이 언짢아하실 것은 없습니다. 제가 말씀드리는 것은 여성이라 해서 고전적인 어머니 상, 아내 상만을 요구하는 것은 아니니까요.

남편에게 고분고분하고 아이들에게 늘 자상한 어머니가 되라는 말은 아닙니다. 만능 아내, 만능 어머니를 요구하는 것도 아닙니다. 무엇을 하든, 어디에 있든 여성의 본질이 그래야 한다는 것입니다. 내 마음이 그런 곳으로 향해야 한다는 말이지요.

그리고 그런 마음은 내가 하는 일에 상관없이 늘 나를 떠나지 않을 수 있는 마음입니다. 남편과 아이들을 위해 맛있는 찌개를 끓이고 또 그것을 맛있게 먹는 것을 보는 일은 여성이라면 누구나 느끼는 행복 아닙니까. 아무리 몸이 피곤해도 아픈 아이 옆에서 물수건을 머리에 대어 주고 아이 손을 꼬옥 잡아 주는 것은 그 어떤 여성이라도 거부하지 않을 본능적인 일 아닌가요? 이처럼 그 마음이 그러해야 한다는 것입니다.

제가 좀 보수적인지는 모르지만 저는 그런 여성을 추천하고 싶습니다. 그리고 그런 고운 마음을 가진 분이라면, 우리 젊은이들을 마음 설레게 하는 그런 고운 모습도 틀림없이 갖추고 있을 것이라고 생각합니다.

미인되는 방법

여성 분들이야 아름다워지고 싶은 것이 당연하다지만 요즘은 남녀를 불문하고 모두 미남미녀가 되고 싶은 것 같습니다. 그래서 남자들도 기초 화장은 물론 성형 수술까지 날개 돋힌 듯 유행한다고 합니다. 그러나 오늘은 돈 한 푼 안 들이고 미남미녀 되는 방법을 소개 드리려 합니다.

첫째는 누군가를 '그리워하라' 는 것입니다. 그리움에 젖어 들 때면 우리는 지금까지 거칠고 메마른 마음을 떠나 참으로 아늑하고 따뜻한 마음을 갖게 됩니다. 그리고 그런 그리움은 우리를 참으로 맑고 아름답게 만듭니다.

세존 당시 파사익 왕에게는 못생긴 딸이 있었습니다. 추녀 개용(改容)이 바로 그 분입니다. 그런데 이 분이 부처님을 사모하다가 얼굴이 그만 바뀌었습니다. 부처님에 대한 간절한 갈앙심(渴仰心)이 그 못생긴 개용을 눈부신 미인으로 바꾸어 놓은 것이지요. 이와 같이 누군가를 그리워하면 우리는 점점 맑아지고 아름답게 변해 가는 것입니다.

둘째는 '생명을 살리는 곳으로 마음을 향(向)하는 것'입
니다. 무엇보다 살생(殺生)을 하면 안 되고 살생을 좋아하
거나 방치해서도 안 됩니다. 뱀이나 노루, 너구리 등 짐승
들을 자신의 욕망을 위해 마구 잡아먹고 나와 상관없다고
장난 삼아 물고기 등 미물을 잡아 그 생명을 끊는 것은 아
주 삼가해야 할 일입니다.

그러나 살생은 반드시 이런 육체적 생명만 죽이는 것을
말하는 것은 아닙니다. 한 중생의 정신적 생명(불성생명)
을 죽이는 것도 대단한 살생입니다. 못나고 비천한 사람
을 무시하고 비웃으면 그 분의 참 생명은 시들기 시작합
니다. 나보다 못하고 모자란 분들의 아픔을 이해하고 그
분들의 외로움을 들어주며 그 분들과 함께 가지 않으면
모든 생명은 참다이 꽃피지 못하는 것입니다.

모든 생명을 살리는 일을 하시는 분들의 모습은 아름답
기 그지없습니다. 아무리 땀에 젖고 아무리 화장기 하나
없는 얼굴로 있어도 그 분들에게서는 그윽한 향기가 뿜어
나옵니다. 숨기거나 바꿀 수 있는 것은 오직 겉모습뿐입
니다. 겉모습만 화려한 분들은 첫 눈에 보기 좋고 얼마간
같이 지내기야 좋을 지 몰라도 참다운 아름다움을 주지는
못합니다. 마음이 어질고 고운 분들의 아름다움이야말로
영원히 함께 하는 아름다움입니다.

뇌성마비 아이를 둔 어느 어머니

제 병원에 다니는 환아 중에는 위로 초등학교 4학년인 큰딸과 아래로 심한 뇌성마비가 있는 8살 난 딸을 둔, 독실한 개신교 신자인 어머니가 한 분 계십니다. 건강한 큰딸만 데리고 처음 저를 찾아 왔을 때 저는 이 분에게 그런 아이가 있으리라고는 전혀 생각하지 못했습니다. 그 분의 인상이 너무 밝았으니까요. 다만 얼굴에 알지 못할 슬픔이 조금 깃들어 있어 약간 의아하긴 했지만, 예의 바르고 너그러운 모습에 요즘 참 보기 드문 젊은 어머니라 생각했지요.

이 분은 남편이 과일 행상을 하시는, 별로 넉넉치 못한 살림을 꾸리고 있었습니다. 저는 몸이 불편한 아이와 넉넉치 못한 살림살이에도 불구하고 어떻게 저리도 긍정적이고 사랑이 넘치는지 궁금하여 어느 날 살짝 물어 보았습니다. 이 분 말씀인즉, 당신은 아무 불만이 없다는 것이었습니다.

처음에 이 분 역시 자식의 불행에 절망하였답니다. 그러나 이 분은 신앙으로 그 아픔을 이겨내고 몸 성하지 않은 아이의 평생 바람막이가 되어 주어야겠다고 다짐하셨답니다. 하지만 남편은 그 아픔이 너무나 커서 술도 못하던 양반이 알콜중독에 빠져 병원에 입원까지 하셨는데, 부인의 지극한 믿음을 보고 자신도 신앙에 귀의하면서부터 그 칠흑 같은 어둠을 벗어나게 되었답니다.

이제 그 남편은 고된 행상에도 불구하고 새벽 일찍 시장에서 물건을 받아 오면 그 중에서 제일 좋은 과일을 골라 따로 살짝 남겨 둔답니다. 그리고 퇴근할 때면 그 과일을 들고 집에 와 아이들에게 선물을 한답니다. 아이들 이름을 부르며 직접 깎고 입에다 넣어 주기도 하고요.

장사가 잘 되거나 안 되거나 가장 좋은 과일을 가져오는 것은 변함이 없습니다. 넉넉치 못해 남들만큼 잘 먹이지 못하는 아빠로서는 제일 좋은 과일 몇 개를 아이들에게 선물하는 것으로 당신의 사랑을 전하는 것이겠지만, 이 분은 이런 남편의 모습에 더 이상 바랄 것이 없다는 것이었습니다.

넉넉치 못한 환경에서도 이렇게 감사와 기쁨으로 사는 이 분의 모습에 저는 퍽 감동을 받았습니다. 비록 얼굴에 젖어든 슬픔은 아직은 지울 수 없지만, 이 분의 아이들이

얼른 건강하게 자라서 부모님들께 기쁨을 드리는 그런 날
이 오기를, 저는 이 분이 올 때마다 마음 속으로 부처님께
발원 드린답니다.

티코 효자 벤츠 효자

나들이를 좋아하는 늙은 부모님을 모신 효자가 두 사람 있었습니다. 그런데 부모님을 모시는 방법에 있어 두 사람의 의견이 서로 달랐습니다. 형님 효자는 부모님이 나이가 드신 노인 분들이라 좋은 차로 모셔야 한다는 것이고, 아우 효자는 작은 차라도 사서 지금 당장 잘 모시는 것이 더 중요하다는 것이었습니다.

아우 효자의 주장은 이렇습니다. 좋은 차로 모시는 것은 두말할 필요도 없이 가장 이상적이지만 그러기 위해서는 많은 돈이 필요하여 그것은 지금 형편으로는 도저히 무리라는 것입니다. 작은 차라도 차는 차이므로, 승차감도 떨어지고 자리도 좁아 타기가 좀 불편해서 그렇지 대한민국 어디든 못 갈 곳은 없으므로 일단 한 대 사서 부모님을 모시자는 것입니다. 그래서 산도 구경하고 강도 구경하고 바다도 구경시켜 드리자는 것이지요.

그런데 형님 효자는 생각이 달랐습니다. 노인이 그렇지

않아도 힘이 없으신데 작고 불편한 차를 타면 도저히 피곤해서 안 된다는 것입니다. 가까운 곳은 몰라도 먼 곳은 못 가시므로 반드시 크고 안락한 차로 모셔야 한다는 것입니다.

이 두 분 형제는 만나면 이 문제로 옥신각신합니다. 마침내 그리 큰 돈 들지 않는 티코를 이 아우 효자가 한 대 뽑았습니다. 그리고 색깔 귀여운 티코를 몰고 아우 효자는 불편하나마 노부모님을 모시고 이 곳 저 곳 구경 시켜 드립니다. 삼천리 금수강산이라, 가는 곳마다 꽃이요 강물입니다. 그러나 노부모님들에게는 차가 아무래도 좀 불편한 듯합니다. 특히 비포장길을 갈 때는 더욱 그렇습니다.

이 모습을 본 형님 효자는 아무래도 자기가 벤츠를 한 대 뽑아야겠다고 생각합니다. 그러나 현재 벤츠를 살 만한 경제력이 없습니다. 그래서 형님 효자는 벤츠를 살 수 있을 때까지 더더욱 열심히 일하리라 다짐합니다. 비록 지금은 아우처럼 저렇게 부모님을 모시지는 못하지만, 그래서 나들이 좋아하는 부모님을 그냥 지켜 볼 수밖에 없지만 언젠가는 벤츠를 뽑아 부모님을 꼭 편하게 모시겠다고 다짐하고 또 다짐합니다.

두 분의 효심은 의심할 여지가 없습니다. 정말 부모님에 대한 정성과 마음은 비할 데가 없으니까요. 단지 그 방법

에 차이가 조금 있을 뿐입니다. 그런데 여러분은 어떤 효
자가 되고 싶은가요? 티코 효자인가요 벤츠효자인가요?
한 번 잘 생각해 보시기 바랍니다.

시련은 사람을 지혜롭게 만든다

흔히 사람들은 나이가 들면 저절로 지혜로워진다고 생각하기 쉽습니다. 정말 사람은 나이가 들면 저절로 다들 지혜로워질까요? 나이 든 분은 어린 분보다 당연히 더 지혜로울까요?

독일 베를린의 한 교육 연구소는 14세 이상의 남녀 1000명에게 지혜를 측정하는 질문을 던지며 나이와 지혜의 관계를 연구했는데, 그 결과 지혜는 나이와 관계가 없으며 드물지만 10대 청소년도 높은 수준의 삶의 지혜가 있는 반면, 어른 가운데서도 지혜가 부족한 분들이 적지 않은 것으로 조사되었습니다.

지혜로운 사람의 공통된 특징 중 하나는 큰 슬픔이나 역경을 극복했거나 극단적 상황에 처했던 경험을 갖고 있다는 점입니다. 현명하다는 평가를 받고 있는 정치 경제 문화 종교 분야 저명 인사 20명을 조사한 결과 다수가 나치 독일을 탈출했거나 레지스탕스 활동에 적극 가담한 사람들이었으며, 삶의 지혜를 갖춘 어린이들도 거의 대부분 불우한 환경에서 자랐거나 평소에 인생의 여러 어두운 단면에 대해 보고 들으며 자란 것으로 조사됐습니다.

시련은 우리를 지혜롭게 만듭니다. 따라서 이런 관점에서 보면 시련은 오히려 우리의 성장을 도와주는 것입니다. 우리가 시련을 아픔으로 받아들이고 부정적으로 받아들이는 한 우리는 결국 이겨 낼 수가 없습니다. 그러나 우리가 시련을 오히려 축복으로 받아들이고 긍정적으로 받아들이면 우리는 이겨낼 수 있고 그 열매도 맛볼 수 있는 것입니다.

이 세상에 그 어떤 시련도 축복으로 바뀔 수 없는 것은 없습니다. 시련을 주는 것은 하늘일지 모르나, 시련을 축복으로 바꾸는 것은 인간의 몫입니다. 우리는 그 시련을 축복으로 바꿀 수 있는 힘이 분명히 있는 것입니다.

『나는 희망의 증거가 되고 싶다』라는 책의 저자인 서진규 여사 역시 그런 분의 한 사람입니다. 이 분은 고등학교를 졸업한 후 가발공장 여공, 식당 종업원, 여행사 직원 등으로 일하며 고단한 젊은 시절을 보냅니다. 더 나은 생활을 *꿈꾸며* 단돈 100달러를 쥐고 미국으로 건너간 뒤에도 이 분 앞에 펼쳐진 것은 고난의 가시밭길뿐이었습니다. 결혼 생활마저 '매맞는 아내' 가 되고 말았으나 희망을 버리지 않고 자원입대하여 미군 장교가 되고 군생활 속에서 학업을 계속한 결과 지금은 하버드 대학에 다니고 있고, 자신과 같이 힘든 삶을 살아가는 이들을 위해 자신은 '희망의 증거'가 되고 싶다고 하십니다.

'오체불만족'의 저자 오토다케 역시 신체적인 기형에도 불구하고 밝고 건강한 생활을 함으로써 많은 사람들에게 존경을 받고 있습니다.

진실로 우리에게 감동을 주고 희망을 갖게 하는 이들은 이와 같이 모두 시련을 겪었던 분들입니다. 그냥 성공하고 그냥 행복한 분들이 아닙니다. 자신에게 주어진 고난을 원망하여 세상을 원수로 삼은 끔찍한 '지존파' 사건에서 보듯, 시련을 불행으로 만드느냐 행복으로 만드느냐는 전적으로 자신에게 달렸습니다.

그리고 결코 실망하지 마십시오. 왜냐하면 아직은 연극이 끝나지 않았으니까요! 그리고 해피엔드로 만드는 것은 다른 분이 아닌 바로 이 연극의 최종 연출자, '나의 몫'이니까요.

칭찬 속에 아이가 자란다

저는 직업이 소아과 의사라 아이들을 많이 만납니다. 그리고 아이들 교육 때문에 속상해 하시는 부모님들의 이야기도 많이 듣습니다. 그런데 그 분들 말씀을 가만히 들어보면, 아이는 사실 문제가 없는데 부모님들이 공연히 아이를 문제아로 만드는 경우를 종종 볼 수 있습니다.

세 살 짜리 아이가 너무 말을 안 듣는다고 힘들어하는 어머니가 있었습니다. 뭐 좀 하라면 도통 말을 안 듣고 자기 고집대로 하려 들어 야단도 치고 매도 드는데 도무지 호전의 기미가 안 보인다는 것이었지요. 그래서 너무 힘들다며 제게 호소하였습니다.

진찰을 받는 도중 아이는 계속 몸을 비틀고 가만히 있지 못해 어머니는 아이를 계속 나무라는데 제가 보니 사실은 아이는 별 문제가 없는 아이(의사 입장에서)였습니다. 그냥 흔히 볼 수 있는 '미운 세 살' 짜리(세 살 무렵이면 자아가 싹트므로 대체적으로 말을 안 들어 그렇게 부르지요) 아이였지요.

요 녀석을 진찰대에 앉히고 우선 사탕 한 개 주고, "이쁘다. 참 엄마 말 잘 듣게 생겼다. 너 정말 엄마 말 잘 듣는 착한 아이지?" 그랬더니 제 얼굴을 빤히 쳐다보며 고개를 끄덕이는 것이었습니다. 그리고는 조금 전과는 달리 태도도 조금 차분해지더니 나갈 때는 나름대로 인사까지 하는 것이었습니다.

이런 일이 몇 번 반복되었는데 나중에 어머니 말씀에 의하면 아이가 말을 안 들을 때 "의사 선생님이 이렇게 하라 그랬지?" 하면, 그 때까지 자기 말은 죽어라고(?) 안 듣던 아이가 신기하게도 말을 듣는다는 것이었습니다. 그리고 병원에 가자 하면 그렇게 좋아한다고 합니다.

본래 아이들은 개구장이입니다. 호기심이 많고 실수가 잦으며 금방 금방 잘 잊습니다. 그 속에서 아이들은 삶의 지혜를 배워 나가고 성장하는 것인데, 어찌된 일인지 모든 것을 어른의 수준에서 생각하여 부모의 기준에 맞지 않으면 야단을 치고 안타까워하는 분들이 많습니다.

아이는 멀쩡하게 잘 자라고 있는데 괜히 부모님들이 난리가 납니다. 물론 아이를 사랑해서 그러시는 것이겠지만, 야단을 치고 매를 들고 훈계하면 아이가 잘 자랄 것 같지만 사실은 그와 정 반대입니다. 오히려 위축되고 아이들만의 밝음을 잃어 갑니다. 매서운 겨울 바람 속에서는 아무 것도 자랄 수 없듯 부정과 야단 속에서는 아이가 자라지 못합니다.

칭찬 속에 아이가 자랍니다. 훈훈한 봄바람에 만물이 소생하듯 칭찬의 훈풍 속에 모든 아이들이 밝고 건강하게 자랍니다.「보현행원품」의 '여래를 칭찬하라(稱讚如來)'는 바로 이 소식입니다.

부모님들! 아이를 믿어 주시고 마음껏 칭찬해 보시지요. 칭찬 속에 아이들은 무럭무럭 자라, 밖으로는 사회의 동량이 되고 안으로는 부모님들의 든든한 바람막이가 되어 줄 것입니다.

인연을 지어야 한다

　얼마 전 어느 유명 여류 소설가가 쓴 '책읽는 도시'라는 글을 신문에서 보았습니다. 그 분은 자기 작품이 독일어로 번역된 것이 인연이 되어 독일 쾰른에서 열리는 '책의 가을'이란 행사에 작품 낭송을 해 달라고 초대를 받았는데, 지난 번 독일 여행 기억으로 특히 옛 동독 도시인 라이프치히에서는 하루에 자그만치 80여 곳에서 낭송회가 열렸다고 회상합니다. 밤거리를 지나다가 카페에 불이 켜있어 가 보면 그 안에서도 낭송회가 한창이었고, 성당이나 관공서 어디든 사람이 모일 만한 곳이면 시 읽는 소리, 글 읽는 소리가 낭자하더라는 내용이었습니다.

　그래서 가을이 오는 지금 서울이나 부산, 광주 등등에서도 책 읽는 소리가 들렸으면 하는 바람이 생긴다는 것으로 글을 맺는데, 저는 이 글을 보면서 독일이 비록 문제가 없는 것은 아니지만 초토화된 2차대전의 상처를 딛고 저렇게 잘 살게 된 것은 결코 우연이 아니구나 하는 생각이

들었습니다.

이런 독일뿐 아니라 주마간산 식으로 몇 년 전 돌아 본 미국이나 유럽의 모습들 역시 저에게 참 인상적이었습니다. 그 곳 사람들은 재물보다는 가정을 중요시 여기고 물건을 아끼는 생활이 습관화되어 있습니다. 또한 서로에게 양보하며 조그만 잘못이 있어도 'Excuse me'를 연발하며 조그만 일에도 꼭 'Thank you'라는 말을 잊지 않았습니다. 물론 사회적 제약이 있는 탓이긴 하겠지만 차가 움직이지 않을 때는 꼭 시동을 꺼 공회전으로 인한 매연이 공기를 오염시키지 않도록 노력하고, 산이나 계곡에서 놀더라도 가능한 한 흔적을 남기지 않으려는 모습들은 우리나라와 많이 비교가 되었습니다.

'아, 그렇구나! 선진국이란 비단 GNP만 의미하는 것은 아니구나! 지금 유럽이 문제가 많다고 하지만 이런 국민들이 있는 한 적어도 얼마간은 선진국의 모습을 잃지 않겠구나! 역시 세계를 이끌겠구나!' 저는 그렇게 생각하였습니다.

그렇습니다. 우리 나라가 다른 나라의 이상형이 되려면 적어도 그런 인연을 우리들이 지어 나가야 합니다. 그저 남보다 더 크고 더 많은 재물을 찾고, 그저 남보다 한 발 앞서 정보를 입수하고 배워 투기나 하고 내 자식들만 좋은 학교에 보내려고 하는 인연으로는 이 나라에 희망이 없습니다. 잘못을 저지르고도 미안하다는 말 한 마디 할 줄 모르고 오히려 남에게 뒤집어씌우기까지 하며, 조그만 은혜도 당연한 것으로 알고 감사할 줄 모르는 마음으로는 모순과 갈등이 사라지지 않습니다. 그래서 저는 '무조건 우리 나라가 잘 될 것이다. 만주 땅을 찾고 세계를 이끄는 그런 나라가 될 것이다' 라는 분들의 말씀을 인정하지 않습니다. 좋은 인연을 짓지 않고 어찌 좋은 결과가 오기를 바란단 말입니까?

나라의 미래뿐 아니라 한 개인의 미래도 마찬가지입니다. 좋은 배우자를 만나고 좋은 직업을 가지고 좋은 자녀를 가지려면 그런 인연을 지어야 합니다. 행복을 기원하고 나도 한 번 잘 살아 보려면 그런 인연을 지어야 합니다. 과거에 못 지었으면 지금이라도 지어야 합니다. 그래야만 지금은 오지 않는, 그러나 내가 애타도록 찾고 기다리는 그런 미래가 나중에라도 오는 것입니다.

저는 우리 국민 모두가 어서 좋은 인연을 많이 지어, 물질뿐 아니라 정신도 중요하게 생각하는 사회, 그래서 출세하고 재물 모으는 것만이 능사가 아니며 나의 즐거움보다 남의 아픔을 먼저 생각하는 이웃들이 사는 그런 사회가 오게 되었으면 합니다.

간 박사와 위암

제가 수련의 때이니 벌써 20여 년 전의 일입니다. 외과에 근무하고 있는데 어느 날 위암 말기 환자 한 분이 입원하였습니다. 이 분은 한두 달 전 우리 나라에서 가장 유명한 간 분야의 최고 권위자(별명이 '간 박사'입니다)에게 이상이 없음을 진단 받았는데, 그 후로도 증상의 호전이 없어 다시 다른 분에게 진찰을 받은 결과 위암으로 진단이 내려져 수술을 위해 입원한 것이었습니다.

수개월 전부터 오른쪽 배가 더부룩하고 소화가 안 되었던 이 분은, 스스로 간 이상으로 생각하고 간을 가장 잘 본다는 유명 대학 교수님을 역시 수개월 동안 기다려 겨우 진료를 받았다고 합니다. 그런데 이 교수님은 오전에만 백 명 이상을 진료하셔야 하는 분이고 또 이 분에게 오시는 환자 분들은 모두 간 이상이 있음을 다른 곳에서 진단 받은 분들이 대부분이라 아마 교수님은 이 분을 진찰할 때 간만 진찰하셨던 모양입니다. 위가 안 좋은 분을 간만 진찰하니 당연히 괜찮다고 나올 수밖에요. 그 결과 이 분은 수개월을 허비하고 말았으니, 본래 위암은 초기에 발견하면 치료가 가능한 질환 중의 하나이건만 이 당시 이미 너무 병이 퍼져 결국 수술도 못 받으시고 퇴원한 것으로 기억됩니다.

저는 만약 이 분이 스스로 간 이상으로 생각하지 않고 또 유명 의사에게 진료 받기만을 고집하지 않았다면 과연 수술이 불가능할 정도로 악화되었을까 하는 의문을 지금도 지울 수 없습니다. 그런데 허망한 착각으로 치료에 필수적인 금쪽 같은 수개월을 그냥 보내고 만 것이지요. 참 안타까운 수련 시절의 기억입니다.

이 일은 저에게 큰 경책으로 남아 있습니다. 의사인 저 스스로는 환자 진료 시에 언제나 겸허함을 잃지 말아야 한다는 것과, 아무리 뛰어난 선지식이라 하더라도 명성이나 겉모습에 속지 않아야 한다는 가르침이 그것입니다.

부모 돈은 공돈

얼마 전 신문에 백억대 재산을 미련없이 '음성 꽃마을'에 기부하신 분의 이야기가 실렸습니다. 이 분은 6.25 때 월남하셔서 갖은 고생 끝에 그만한 재산을 모았지만, '유산은 자식에게 아편' 이라는 생각에 사회에 환원할 기회를 찾으시다 꽃마을의 살아가는 모습에 감동하여 조금도 아낌없이 그 재산을 그렇게 희사하신 것입니다. 부모님의 그런 뜻에 자식들도 흔쾌히 동의하였다고 하니, 정말 희유하고 대단한 일이 아닐 수 없습니다.

사람에 따라 다르기는 하겠지만 대부분 우리는 재산 증식에 거의 한 평생을 보낸다고 하여도 과언은 아닐 것입니다. 조금이나마 더 많은 재물을 얻기 위해 새벽부터 밤 늦게까지 일하고 재테크라 하여 한 푼의 돈이라도 더 늘리려고 안간힘을 씁니다. 이 외중에 남에게 못할 일을 자신도 모르게 저지르기도 하고 때로는 뜻과 같지 않은 결과에 낙담하여 스스로 목숨을 끊기도 합니다.

한 때 이렇게 목숨(?)을 걸고 재물을 얻으려는 이유가 무엇인지 제 스스로도 궁금하여 저 자신은 물론 주위 분들에게 물어 본 적이 있습니다. 그 결과 대다수 분들의 결론은 '자식을 위해서' 라는 것이었습니다. 즉, 여러 이유가 있지만 결국은 '자식의 행복' 을 위해 그 고생을 한다는 것이었습니다. 한 푼의 돈이라도 더 벌어 물려주면 자식이 지금의 나보다는 덜 고생하고 더 행복하지 않겠나 하는 소박한 꿈을 갖고 있었던 것입니다.

하지만 제가 보기에 반드시 그런 것 같지는 않습니다. 우선 젊은 날엔 돈 번다고 자녀와 같이하는 시간이 많지 않은 분들이 종종 계십니다. 그런데 다들 아시다시피 어린 시절에 필요한 것은 부모님의 따뜻한 체온과 사랑이지 돈이 아닙니다.

그런데도 이 사실은 까맣게 잊고 그저 돈 번다고 그 소중한 날들을 다 보내 버립니다. 아이들은 아버지가 보고 싶어 울고 있지만, 아버지는 오늘 번 돈을 세며 그것이 나중에 아버지의 사랑을 보상해 줄 것이라 자위합니다. 청소년기에 이르면 아이들은 점점 말수가 적어지고 고민은 깊어 가지만 부모님들은 사업 성공에 모든 것을 걸고 하루 하루에 일희일비합니다. 그러다 어느덧 인생의 황혼을 맞습니다.

나중에 산같이 높은 재물을 자식에게 선물하지만, 자식은 그런 것에 아랑곳하지 않습니다. 그저 부모님 돈은 공돈이요, 남의 돈입니다. 어떻게 부모님이 그 돈을 벌었는지는 별로 관심이 없고 자신의 만족을 위해 쓰기에 바쁩니다.

그리하여 부모님이 안 먹고 안 쓰고 아끼고 아껴 저축한 그 많은 재물을 자식들은 한 순간에 정말 허망하게 써 버리고 맙니다. 그런 와중에 못된 인간으로 전락하여 부모님께 큰 슬픔을 안겨 주기도 합니다(물론 하늘 같은 부모의 은혜를 갚는 훌륭한 자녀 분들도 적지 않지만요).

이렇게 보면 자식을 위해 그렇게 기를 쓰고 애써 재물을 저축할 필요가 없는 것인지도 모릅니다. 그러므로 옛사람은 "자식은 모두 자기 복을 타고 나니 자식을 위한다고 마소(馬牛) 노릇 그만 하소." 라고 노래하셨겠지요.

그런데도 이런 사실을 아는 부모님은 의외로 많지 않은 것 같습니다. 그저 자식이 안쓰럽고 가엾을 뿐입니다. 그래서 돈 없다, 사업한다 하면 아끼고 아꼈던 재물을 아낌없이 주고 맙니다.

그리고 남에게 모진 짓을 하더라도 그저 한 푼이라도 더 벌어 자식에게 주려고만 합니다. 받는 자식의 입장에서는 모든 돈이 하늘에서 떨어진 공돈인데도 말입니다.

아마도 이 분은 이런 사실을 잘 아셨나 봅니다. 그렇지만 실천하기는 정말 어려운 법인데 참으로 훌륭하신 분입니다.

유산은 자식에게 아편이요, 부모님 돈은 공돈이라. 우리 모두 마음에 새겨둘 말입니다.

둥근 마음 모난 마음

똑같은 둘레로 가장 큰 면적, 부피를 가지는 것이 원(圓), 또는 둥그런 공(球)이라 합니다. 또한 공처럼 부딪치는 면(面)이 없어야 저 멀리까지 굴러갈 수 있습니다. 3차원 물체의 가장 이상적인 모양이 바로 공[球]이라고 합니다.

과학자들의 말에 의하면 우주를 항해하는 물체의 모양도 가장 이상적인 형태가 둥근 공 모양이라고 합니다.

그래서 우주선도 둥글게 만들어야 한다는 것입니다. 깊은 우주를 떠다니는 별들이 모두 둥근 모습인 것은 이런 연유인지도 모르겠습니다.

우리의 마음을 다듬어지지 않은 투박한 다면(多面)의 나무 조각에 비유해 봅시다. 우리는 지금부터 조각칼을 가지고 나무를 다듬기 시작합니다. 처음엔 삼각형, 조금 후엔 사각형, 오각형, 육각형, 이렇게 다듬어 나갈 것입니다. 다듬어 나갈수록 나무는 원만한 둥근 공 모양을 갖춰 나갑니다. 만약 육각형이 아니라 육백각형쯤 되면 아주 공과 흡사해질 것입니다.

그러나 아직은 완전한 공은 아닙니다. 다만 공과 비슷할 뿐입니다. 진정 완전한 공이 되기 위해서는 육백각이 아니라 육천각도 부족할 것입니다.

우리 마음도 이와 같습니다. 수없이 많은 생을 모두 닦아 완전히 동그란 공을 이룬 것이 부처님의 마음이라 한다면, 우리 중생들의 마음은 아직 채 다듬어지지 못한 다면체(多面體)의 거친 나무에 지나지 않을 것입니다. 비록 닦으신 분들의 마음이 우리 범부들보다야 좀더 공 모양에 가깝다 하더라도 아직은 완전한 공이 아닙니다. 아직도 한없이 더 다듬고 더 닦아야 하는 것입니다. 이 정도의 공으로 땅에 굴리면 일반 나무들보다야 잘 굴러 가겠지만 그리 얼마 가지 못합니다. 결국 완전한 공이 되어야만 저 멀리까지 갈 수 있는 것입니다.

우리가 보는 별들의 모습이 둥글기는 하지만 완전히 둥근 별은 아직 없는 것 같습니다. 지구도 우주에서 찍은 사진으로만 보면 완전한 둥근 공 모습이지만, 실지로 지구는 완전한 공 모양은 아니라고 합니다.

이 말은 결국 현재 지구, 또는 우주조차도 아직 완성되지 못한 미완의 상태이며 끝없이 완성을 향해 성장하고 있을 뿐이라는 것이겠지요.

경(經)에서 설해지는 끝없이 되풀이되는 우주의 성주괴공(成住壞空) 역시, 다듬고 성장하려는 우주의 몸부림의 또 다른 모습인지도 모릅니다.

내 마음은 과연 몇 면체(面體)의 마음일까요? 둥근 공에 가까운 마음일까요. 아니면 겨우 두세 가지 면밖에 못 가진 마음일까요? 우리 모두 한 번 되돌아 볼 일입니다.

조남철 국수와 기도보국(棋道報國)

　해방이 되자 청년 조남철은 바둑판 하나만 메고 현해탄을 건너 조국으로 옵니다. 새 조국 건설로 모두 희망에 들떠 있던 나라에서 조남철 청년은 내가 이 나라를 위해서 할 일이 무엇인가를 곰곰이 생각합니다. 그런데 자신이 할 수 있는 일이라고는 바둑 두는 일밖에 없었습니다(이 당시 조 국수는 일본 기원 프로 초단이었다고 합니다).

　갖가지 신지식이 난무하고 모두들 그럴 듯한 재주로 나라를 일으키는 데 기여하겠다는 분들 앞에 조남철 청년은 바둑밖에 둘 줄 모르는 자신의 처지가 참 한심했다고 합니다. 그럴 만도 한 것이, 당시만 해도 바둑은 그저 한량들의 잡기 정도로 인식되어 전문 직업으로 대접받지 못했으니까요. 신문에 기보를 싣는 것도 광고라 하여 처음엔 돈을 요구할 정도였으니 오죽했겠습니까.

　그러나 청년 조남철은 마침내 나름대로 결심합니다. '나는 기도(棋道)로써 보국(報國)하겠노라. 내 비록 지금

208

은 초라한 바둑 두는 사람에 불과하지만, 이 나라를 일본과 맞설 정도의 바둑 강국으로 만듦으로써 나라의 은혜에 보답하겠노라.'

이후부터 조 청년은 오로지 기도보국의 일념으로 현대 바둑 보급에 매진합니다. 그 결과 지금은 수많은 초일류 기사들이 배출되어 이제는 바둑의 종주국을 자처하는 일본도 부러워하는 세계 최강의 바둑 국가가 되었습니다.

나라에 보답하는 방법이 꼭 한 가지만은 아니듯, 깨달음을 이루고 부처님 은혜에 보답하는 길도 한 가지만은 아닙니다. 내가 있는 이 자리에서 내가 할 수 있는 나름대로의 정성을 모두 바치면 되는 것입니다. 그러면 본래가 성불되어 있는지라 불성을 활활 꽃 피울 수가 있는 것입니다. 만약 조남철 국수가 자신만의 장기인 바둑으로 보국할 생각을 포기하고 꼭 박사 학위 등을 따서 그 당시 남들이 하는 일상적인 방법으로 나라의 은혜를 갚으려 했다면 우리 나라가 지금처럼 바둑 강국이 되지 못했고 조 국수도 나라의 은혜를 갚지 못했을 것입니다.

우리 모두 지금 이 자리에서, 내 모습으로 부처님 은혜 갚지 않으시겠습니까?

첫눈에 반하는 사람, 볼수록 정이 드는 사람

사람을 만나 사랑을 느낄 때 첫눈에 반하는 사람이 있고 볼수록 괜찮다는 사람이 있습니다. 어느 쪽이 더 바람직한 사람일까요?

우리는 흔히 '첫눈에 반하는 사람'을 '운명적인 사람, 바람직한 사랑'으로 생각하는 경향이 있습니다. 그러나 인연법에서는 그렇지 않습니다. 첫눈에 이끌리는 사랑(또는 사람)일수록 과거 생에 좋지 않은 인연이 많다는 것이지요.

우리가 현실을 봐도 그렇습니다. 충동적으로 한 일 치고 좋은 결과가 나오는 일은 거의 없지 않습니까? 백화점에 가서 '충동적'으로 물건을 사고 남의 말 듣고 '충동적'으로 강남 가 봐야 얻는 게 별로 없습니다. 큰 후회 안 하면 오히려 다행이지요. 그러나 백화점에서 살 당시를 보면, 그 때는 그 물건처럼 마음에 드는 것이 없습니다. 친구 따라 강남 간다고 할 때도 그 당시는 친구 말이 정말 옳고 안 따라 가면 큰 손해 볼 것 같은 느낌이 들었던 것이 사실입니다. 그러나 그 들끓던 마음도 그 때뿐, 한 걸음만 뒤로 물러나 생각해 보면 모든 것이 한 때의 요동치던 환상에 불과했던 것입니다.

첫눈에 반하는 사람도 마찬가지입니다. 지금 당장 보고 싶고 애끓고 그 사람 없으면 못 살 것 같지만 이것은 모두 나의 눈을 어지럽히는 헛것에 지나지 않습니다. 그런 마음을 더욱 부채질하여 얼른 사랑을 맺게끔 하여 얼른 과거의 빚을 갚겠다는 업력의 흡인 작용에 불과합니다.

그리고 나의 애간장을 태우면 태울수록 과거의 업이 그만큼 더 깊었다는 것을 의미합니다. 그런데도 우리는 그럴수록 천생연분으로 생각하여 못 잊고 끊지 못하여 주위 사람의 충고에도 불구하고 마침내 불나방처럼 뛰어들지는 않는지요?

또 평소에는 얌전하고 이성적인 사람이 언제부터인가 무엇에 쓰인 듯이 부동산이니 주식 투자니 하다가 힘들게 모은 재산을 다 잃는 경우도 있습니다. 이런 분들께 나중에 물어 보면 대개는 "내가 무엇에 홀렸던 것 같다."는 말씀을 하십니다. "도둑 맞으려면 개도 안 짖는다."는 속담도 있듯, 평소에는 모든 것에 조심스럽던 분이 일이 생기려면 그렇게 되는 것입니다.

과거에 지은 업을 만날 때도 이와 비슷하다고 합니다. 갑자기 '팍' 하고 스파크가 일어 자기도 모르게 마음에 불이 붙어 걷잡을 수가 없다고 합니다. 첫눈에 반하는 사랑이 소설이나 영화 소재로는 좋을지 모르나 참사랑은 아닌 것 같습니다. 결혼을 앞둔 젊은 분들께서는 한 번쯤은 새겨 볼 만한 말이 아닌가 합니다.

똑같은 사람인데

똑같은 사람인데 재물이 풍족한 사람도 있고 그렇지 못한 사람도 있습니다. 똑같은 사람인데 마음이 늘 즐거운 사람도 있고 마음이 편치 못한 사람도 있습니다. 또 재물은 풍족하나 마음이 편치 못한 사람도 있고 그 반대도 있습니다. 또 재물도 마음도 편치 않은 사람도 있는가 하면 재물도 마음도 늘 편한 사람도 있습니다. 왜 똑같은 사람인데 이런 차별이 생기는 것일까요?

부처님은 이에 대해 이렇게 말씀하십니다.

몸은 즐거우나 마음이 즐겁지 못한 분들은 과거 생에 남에게 많이 베푸는 등의 복을 많이 지은 분이라는 것입니다. 그러나 마음은 닦지 않았으므로 재물은 풍족하지만 늘 욕심과 번뇌가 끊이지 않는 것이라고 합니다.

몸은 그다지 즐겁지 않으나 마음은 즐거운 분들은 과거에 마음 공부를 많이 하신 분이라고 합니다. 그러나 너무 마음 공부만 하다 보니 복을 짓지 않아 재물이 늘 부족하여 곤란을 겪는다고 합니다.

몸도 즐겁지 않고 마음도 즐겁지 않은 분들은 복도 마음 공부도 하지 않은 분들이고, 몸도 즐겁고 마음도 즐거운 분들은 남에게 많이 베풀고 마음 공부도 많이 한 결과 재물도 풍부하고 번뇌도 없다는 것입니다.

우리 주위에는 재물은 많으나 탐욕스럽고 자기밖에 모르는 그런 분도 계시고, 마음은 그지없이 선량하고 남을 도우려 애쓰지만 재물이 부족해 늘 어려운 분들도 계십니다. 한 쪽은 넘치는 재물을 주체하지 못해 야단이고 또 한 쪽은 너무 없어서 야단입니다.

이런 모습을 보고 흔히 우리는 후자 쪽이 더 바람직하다고 생각할지 모르나 반드시 그렇지만은 않은 것 같습니다. 두 경우 모두 재물과 마음 두 가지를 균형 있게 닦지 못하고 어느 한 쪽만 더 치중해서 닦은 결과가 아니겠습니까? 그러니 어느 경우든 수행을 여법하게 한 것은 아닐 것입니다.

따라서 사업이 잘 되고 재물은 남부럽지 않으나 마음의 번뇌가 가시지 않는 분은 재물에 만족할 게 아니라 이번 생에 마음 공부를 더 많이 하실 일입니다. 그 반대로 거룩한 뜻은 부족함이 없으나 가진 재물이 없어 힘드신 분들은 금생에 더 많은 복을 지을 일입니다. 없는 재물을 아쉬

위하기보다 재물은 비록 없더라도 건강한 마음으로 몸으로 돕고 뜻으로 도와 더 많은 무위의 복을 지을 일입니다.

　우리는 수행을 그야말로 여법히 하여야 할 것입니다. 왜냐하면 중생 구제는 마음만 가지고 되지는 않으니까요. 현실을 살아가는데는 마음뿐 아니라 물질도 분명 중요한 것입니다. 그러므로 복도 짓고 마음 공부도 잘 하여 이 두 가지가 원만히 회향되어야 할 것입니다.

구원은 지금 이 자리에서 이루어지는 것

제 이웃 중에 우연히 알게 된 목사님이 한 분 계십니다. 이 목사님과 저는 가끔 토론을 벌이곤 하는데 지난 번에는 구원에 관한 뜨거운 토론을 하였습니다. 목사님 말씀인즉, 구원은 영적인 구원이 중요하고 물질적인 것은 그다지 중요하지 않다. 또 구원은 천국에서 이루어지므로 현실에서는 생업에 얽매이기보다는 주님의 일을 하는 것(이 분은 선교 활동을 말씀하시는 것 같습니다. 저보고 병원 문을 닫고 중국으로 전교하러 가라고 하셨으니까요.)이 더 중요하다는 것이었습니다.

그러나 저는 그렇게 생각하지 않습니다. 구원은 먼 훗날의 일이 아니라 현실 속에서, 바로 지금 이 자리에서 이루어지는 것입니다. 죽어서 이루어질 구원이 살아서는 왜 안 이루어지겠습니까? 10년 20년 뒤에 이루어질 구원이 왜 지금은 안 이루어진단 말입니까? 바로 지금, 내가 서 있는 이 곳에서 이루어지는 것이 구원이라고 저는 생각합니다.

먼 미래에 오는 구원도 중요하지만, 부부간에 정이 깊고 자식은 우애 있으며 모두 효자이고, 가족 모두 건강하며 사업은 날로 번창하는 것 역시 중요한 구원의 한 덕목입니다.

내 주위의 이웃과 원만한 관계를 이루지 못하고, 내 부모에게 불효하며, 내 아내에게 상처를 주면서 뒷날의 구원을 목놓아 부르짖어 보았자 무슨 보람이 있겠습니까? 내 마음 속에 궁핍함이 가득하고 세상에 대한 원망이 떠나지 않는다면 무엇이 구원이고 도대체 누가 구원을 받은 것이겠습니까? 현실을 건강하게 살지 못하면서 알 수 없는 천국을 보장받았다고 아무리 외쳐 보았자 무슨 공덕이 있겠습니까? 구원은 그런 것이 아닐 것입니다.

만약 종교가 현실을 구원하지 못하고 뜬구름 같은 미래만을 보장한다면 그것은 참된 종교가 아닐 것입니다. 진정 바른 가르침이라면 죽은 뒤가 아니라 살아서도 모든 구원이 이루어져야 합니다. 당장 이 자리에서 내 마음의 미움과 원망이 모두 사라지며, 당장 지금 내 마음의 궁핍함이 사라져 너그럽고 풍족한 이가 되어야 합니다. 그것이 참된 가르침이며 진실로 올바른 종교라 할 것입니다.

이 목사님은 나중에 스스로 고백하시건대, 장남으로 제

사를 모시지 않아 부모와 거의 절연한 상태이고, 아이들에게는 좋은 아버지 노릇을 해 주지 못한 지 오래며, 경제적으로 넉넉함을 가져다 주지 못해 부인에게도 좋은 사람이 못된다고 하셨습니다.

그러나 '나는 구원받았다' 며 그야말로 목숨 걸고(?) 여호와 주님의 말씀을 전교하러 다니십니다(저를 만나게 된 것도 벤치에서 경 읽는 저의 모습을 보고 개종을 시키려 말을 걸어옴으로써 이루어진 것이랍니다).

저는 이 분이 참 딱합니다. 그야말로 물질적 욕망은 제가 보기에 조금도 없으시며 오로지 여호와 주님의 말씀만 전하시겠다는 거룩한 맹세를 하신 분인데, 구원을 멀리서 찾고 현실을 원만히 못 이룬다고 해서야 어찌 안타까운 일이 아니겠습니까? 저는 이 분의 구원이 먼 미래에만 약속된 것이 아니고, 현실 속에서도 찬란히 꽃피우게 되기를 마음 속으로 빌었습니다.

시절 인연이 그러한 것

우리는 평범한 어떤 분이 복권에 당첨되는 행운을 만났다든가 묵혀 놓은 주식이 갑자기 폭등해 큰 돈을 벌게 되었다는 기사를 적지 않게 봅니다. 또 어린 가수가 하루아침에 인기와 명예를 움켜쥐는 것도 볼 수 있습니다. 또는 공부 잘한 자녀가 유명 대학을 수석 입학하거나 수석 졸업하여 만인의 부러움을 받는 일도 봅니다. 그럴 때마다 일반인들 가슴엔 '저 분들 참 행복하겠구나' 하면서노 약간은 아쉬움이 일게 마련입니다. '저 사람은 저렇게 되었는데 나는 왜 안 될까. 나도 저 분들 못지않게 참 열심히 사는데…' 하는 생각이 그것이지요.

그러나 우리가 분명히 알아야 할 것은 저 분은 저런 행운을 받아야 할 때가 되어 받는 것이라는 사실입니다. 이 세상에 일어나는 모든 일에 우연은 없습니다. 일어날 일이 일어난 것뿐입니다.

달마가 중국에 온 이후 그 뜻을 이은 분이 여러 분 계셨지만 결국 육조에 이르러서야 그 열매가 화려하게 맺혀지기 시작한 것도 다 이와 같은 이유에서입니다. 육조의 스승이신 오조 홍인 스님의 수행이나 법력이 어찌 제자인 혜능보다 못하기야 했겠습니까마는, 선(禪)을 꽃피우는 영광은 육조 스님에게 돌아갔으며 선의 열매는 육조에 이르러 맺게 되는 것입니다. 시절 인연이 그러했던 것입니다.

그러므로 우리가 열심히, 그리고 최선을 다해 살되 그 대가를 너무 조급하게 기대하면 안 됩니다. 모든 것은 시절 인연이 성숙되어야 이루어지는 것입니다.

오늘 우리 눈 앞에 펼쳐지는 복 받은 분들의 저 화려한 모습은 다 여러 생에 거쳐 선근을 심은 탓입니다. 무수한 세월을 심은 그 복밭에서 금생에 비로소 저런 영광이 오게 된 것입니다. 따라서 부러워할 것도, 아쉬워할 것도 조금도 없습니다. 저 분들의 다생에 걸친 공덕을 같이 기뻐하고 찬탄하면서 우리도 우리의 복도 지어 가면 되는 것입니다.

내가 지은 복이 언제 올지, 그것은 우리가 알 바 아닙니다. 아득한 세월이 또 흐르고 흘러 언젠가 시절 인연이 무르익을 때면 그 열매는 찬란하게 꽃피워질 것이니, 우리는 그저 선근을 부처님께 공양드리고 복밭을 묵묵히 일구어 나갈 뿐입니다.

불교는 자력 인가 타력 인가?

흔히 불교는 자력 종교, 기독교는 타력 종교라고 합니다. 또한 불교 내에서도 참선은 자력, 염불은 타력이라고 합니다. 이런 말을 할 때는 자력은 훌륭한 것이요, 타력은 남의 힘이나 빌리려 하는 못난 것이라는 생각이 은근히 내재되어 있는 듯합니다.

그러나 불교는 자력만 있는 것이 아닙니다. 불교의 가르침은 본래 나와 남이 없는 것이요, 따라서 수행 역시 자력 타력이 없습니다. 있다면 오직 부처님이 있을 뿐입니다. 즉, 부처님 힘으로 수행하는 것이 불교입니다.

'남의 도움 없이 혼자 힘으로 수행한다' 참 좋은 말입니다. 하지만 수행이라는 것이 결코 혼자 힘으로 되는 것이 아닙니다. 세상사 어느 것이 내 힘으로만 되는 것이 어디 있습니까? 얼핏 보기에는 내 힘으로 된 것 같지만, 좀더 성숙한 눈으로 보면 어느 것 하나 중생의 공덕 아님이 없는 것입니다.

부처님이 성불하신 것만 해도 그렇습니다. 얼핏 보기에는 스승도 없으신 부처님이 홀로 대각을 이루신 것 같지만, 사실은 부처님이 잘나서 혼자 힘으로 성불하신 것이 아닙니다. 중생들이 그렇게 비참한 모습으로 죽어가는 모습을 보이지 않았다면, 싯달타의 성불은 몇 겁이 미루어졌을 것입니다. 부처님의 성불은 무명 중생의 끝없는 고통 속에서 비로소 이루어진 것입니다.

그러므로 우리가 깨달을 때도, 비록 내가 아무리 수행을 잘 했다 하더라도 내가 깨친 게 아닙니다. 내 주위의 모든 분들의 도움으로, 공덕으로 나에게 깨달음의 소식이 온 것입니다. 그러니 '내' 가 깨친 게 아니라, '우리' 가 깨친 것입니다!

자력 수행이라 할 때는 우리도 모르게 '나' 라는 아상(我相)이 대단히 활개를 칩니다. '내' 가 깨닫고 '내' 가 성불하는 것입니다. 이렇게 '나' 라는 것이 있는 한, 깨달음은 오지 않습니다.

본래 나라는 생각, 나라는 형체가 부처님 원력 속에 완전히 녹아 없어지게 하는 것이 수행일진대 '내가 수행한다', '내 힘으로 깨닫는다' 하는 수행이 어찌 바람직한 수행이 되겠습니까? 그런 수행은 공부에 하나도 도움이 안 되고 아상만 더할 뿐인 것입니다.

이와 마찬가지로, 타력 수행이란 생각도 하면 안 됩니다. 부처와 내가 본래 둘이 아닌데, 부처님 힘을 빌리는 것이 어찌 타력이 되겠습니까? 부처님 앞에서는 나와 너가 없는 것입니다. 그러므로 자력이니 타력이니 하는 말이 애시당초 성립될 수가 없는 것입니다. 오직 있다면, '부처님'만 있을 뿐입니다.

우리는 부처님 힘(佛力)으로 수행해야 합니다. 내가 수행하는 것도 아니요, 남의 수행을 빌리는 것도 아닙니다. 오직 우리 앞에는 부처님만 있을 뿐입니다. 부처님이 밥을 먹는 것이고, 부처님이 염불을 하는 것이고, 부처님이 화두를 드시는 것입니다. 깨쳐도 부처님이 깨치시는 것이고, 지옥에 떨어져도 부처님이 떨어지시는 것입니다.

내가 수행하니까 어렵지 부처님이 수행하시면 하나도 어려운 것이 없습니다. 부처님은 '프로'이십니다. 수없는 생을 오직 중생 구제의 일념으로 수행을 밥 먹듯(?) 하셨기에 그까짓 화두 드는 것, 좌선하는 것 등등, 하나도 힘든 것이 없습니다. 오직 제멋대로 욕망에만 살고 수행이라고는 해 본 적이 없는 우리 같은 범부나 힘들어 하는 것입니다.

그러니 우리는 내가 수행하는 자리에 부처님을 갖다 놓을(?) 일입니다. 이 어렵고 많은 일을, 내가 하는 게 아니라 부처님이 하시도록 하는 것입니다.

불교는 부처님이 수행하시는 종교입니다. 공부에 도움 안 되는 자력 타력 분별 내지 말고, 우리 모두 오로지 부처님 품으로 돌아갈 일입니다.

부처님 원력의 바다에 뛰어 들어라!

사람이 한 평생을 살아가노라면 참 많은 어려움을 만납니다. 하늘엔 별도 많고 세상에는 걱정도 많다는 옛 노래처럼, 인생이란 어릴 때 잠시를 빼고는 참으로 고달픈 여로가 아닐 수 없습니다. 웬 고난은 그리 많고 웬 아픈 사연은 또 그리 많은지, 한숨과 슬픔이 그칠 날이 없습니다. 이것이 윤회의 길을 돌고 도는 외로운 중생들의 적나라한 실상일 것입니다.

이런 인생을 살아가는 데 큰 도움이 되는 일이 바로 부처님 원력의 바다로 뛰어드는 일입니다. 어렵고 힘든 일, 마음대로 안 되고 사는 것이 괴로울 때는 언제든 부처님 원력의 바다로 뛰어들 일입니다. 그 넓고 고요한 부처님 품으로 들어가는 것입니다.

부처님은 일체 중생을 구하시겠다는 일념으로 정토를 버리고 이 사바 세계에 오신 분입니다. 고통 많은 사바 세계에 인간의 몸으로 오셨기에 부처님도 어쩔 수 없이 인간이라는 한계는 닦으셔야 했습니다. 그런 연유로 부처님은 어머니를 잃는 슬픔도 겪으셔야 했고, 나라가 멸망하는 모습도 지켜보셔야 했습니다.

그러나 부처님은 그 큰 고통 속에서도 모든 중생을 남김없이 구제하시겠다는 원력은 한시도 잊으신 적이 없습니다. 중생을 위하여 아니 가신 곳이 없고 중생을 위하여 눈물을 아니 흘리신 적이 없습니다. 그러므로 우리는 부처님의 이러한 원력을 믿고 그 원력의 바다 속으로 뛰어 들기만 하면 되는 것입니다.

부처님 원력으로 뛰어들면 우리는 부처님과 그 즉시 하나가 됩니다. 부처님의 끝없는 자비와 원력이 우리에게도 젖어 들며 원력 앞에 일체 고뇌 또한 사라지게 됩니다.

내 가슴 깊은 곳 다함이 없을 것 같던 슬픔은, 어린 중생이 가여워 하염없이 흘리시는 부처님 눈물 앞에 어느새 씻겨 내려가 버립니다. 나를 괴롭히던 그 끝없는 고뇌도 '저 중생을 마침내 제도하리라' 는 금강석 같은 부처님 원력 앞에 흔적도 없이 사라져 버리고 맙니다.

언제 부처님이 지치고 힘든 이들을 외면하신 적이 있습니까? 언제 부처님이 외롭고 슬픈 이들을 내버려 둔 적이 있습니까? 부처님은 중생의 모든 고뇌를 대신 짊어지시고 고달픈 윤회의 길을 우리를 위해 수없이 오시고 가셨던 것입니다. 그러니 원력의 바다에 들어가는데 부처님이 그냥 계실 리가 없는 것입니다!

부처님 앞에는 슬픔도 괴로움도 없습니다. 절망도 아픔도 있을 수 없습니다. 있는 것은 오로지 눈부신 자비 광명이요, 일체 중생을 제도하겠다는 굳은 부처님 원력뿐입니다. 그것이 부처님 본래의 모습인 것입니다.

이 세상은 부처님 원력이 없으면 한시도 살아갈 수 없습니다. 얼핏 보면 내가 성공하고 내 힘으로 뭐든지 이룩한 것 같지만 어찌 그것이 내 힘으로 된 것이겠습니까? 일체 중생을 구제하고 한 중생도 행복하지 않은 중생이 없게 하겠다던 부처님 무량 원력이 없었다면 꽃잎 하나도 저리 아름다이 피지 못했을 것입니다.

우리가 살아가고 세상이 풍요롭고 중생계가 꽃피우는 것 모두가 부처님 원력이 있기 때문입니다. 부처님 원력이 시공을 초월해 곳곳에 비옥한 땅처럼 넉넉하기에 우리 중생들은 고해에서 이렇게 늠름하게 잘 살아가고 있는 것입니다.

부처님을 찾고 부처님 원력을 믿는 어리고 가엾은 저 중생들을, 우리 부처님께서는 그냥 두고 보실 리가 없습니다. 한 중생도 정토에 오지 못하는 중생이 없고, 한 중생도 성불 못하는 중생이 없을지 결코 부처가 되지 않겠다던 부처님의 굳은 맹세가 오늘 일처럼 생생한데, 부처님 비원이 온 우주에 메아리 치지 아니하는 곳이 없는데, 어찌 고통이 행세를 하며 절망이 힘깨나 부릴 수 있겠습니까? 모두 모두 부처님 원력 앞에 흔적도 없이 사라질 물거품 같은 것이 아닐 수 없습니다.

힘들고 고달픈 모든 분들이시여!

부처님 무량 공덕의 바다, 부처님 원력의 물결 속에 그대로 뛰어 드시옵소서! 혼기 놓친 자식, 취직 안 된 자식이 있더라도, 사업이 안 되어 죽을 만큼 괴롭더라도, 구조조정으로, 불치병으로 몸과 마음 모두 고달프더라도, 아쉬움과 한(恨)이 가슴 속 깊이 견딜 수 없는 절망으로 밀려오더라도, 모두 모두 잊고 모두 모두 부처님께 바치며 오로지 일념으로 부처님 원력으로 들어오시옵소서!

물결이 일면 이는 대로 비바람 불면 부는 대로, 부처님 원력에 몸을 싣고 가는 곳 모르는 인생의 바다를 부처님만 부르며 나아가 보시옵소서!

부처님 원력이 현실로 우리 앞에 나타날 때, 모든 슬픔, 고난, 절망은 찬란한 아침 햇살의 이슬처럼 사라지고, 오로지 눈부신 광명만이 우리 앞에 가득할 것입니다.

깨닫고 나면?

깨닫고 나서 해야 할 일은 내 깨달음 속에 우물 안 개구리처럼 스스로 갇혀 사는 일이 아닙니다. 나의 깨달음을 행으로 넓혀 나가야 합니다. 온 법계에 나의 깨달음이 울려 퍼지게 해야 하는 것입니다.

그런데 그 행은 자기 자랑, 자기 과시, 자기 경계의 일방적인 주장을 하는 과정에서 필연적으로 일어날 언쟁, 다툼, 그리고 못 깨친 사에 대한 질책, 훈계 등이 아니라 아직은 못나고 아직은 부족한 이웃을 섬기는 행이어야 합니다.

경허 스님은 만행 끝에 말년에 머리도 기르신 채 삼수갑산 이름 모를 곳에서 아이들을 가르치시다 돌아가셨습니다. 수월 스님은 깨치고 난 뒤 평생 동안 짚신을 삼아 오가는 이웃들에게 나눠주시고 길손들이 피로하지 않도록 식사와 잠자리를 제공하며 사셨습니다. 용성 스님 역시 암울하던 일제 시대에 절망하는 겨레를 위해 학교를 세우고 농촌을 계몽하고 각(覺)사상 운동을 전개하시다 열반하셨습니다. 깨친 자의 모습은 이런 것입니다.

예수님도 제자들에게 말씀하십니다. "나는 너희들에게 섬김을 받으러 온 것이 아니라, 너희들을 섬기러 왔다." 주님의 아들이시자 인류의 구원자이신 그 분이, 그렇게 희유하고 귀하신 분이 우리에게 오신 이유가 섬김을 받는 것이 아니라 못나고 믿을 줄 모르며 원망과 미움 가득한 우리를 오히려 섬기러 오셨다는 것입니다.

그런 예수님은 또 외치십니다, "수고하고 무겁고 짐진 자들아, 다 내게로 오라! 내가 너희를 편안케 해 주리니." 고통과 고난의 그 무거운 짐을, 독생자이신 바로 그 예수님이 우리를 위해 대신 들어주시겠다는 것입니다.

이것이 동서고금을 막론하고 모든 깨친 분들이 일체의 생명에게 다가오시는 모습입니다. 일체의 생명을, 심지어 풀 한 포기, 돌 한 조각, 시냇물 한 모금까지 그 분들은 지극한 정성과 자비로 모두를 살리고 모두를 섬기시는 것입니다.

섬기고 모시는 행! 그것은 바로 화엄경에서 말하는 '보현행'입니다. 보현의 열 가지 행(行)과 원(願)이 모든 깨친 자들이 중생에게 다가가는 모습입니다. 내 공부를 자랑함도 없이, 내가 가진 것을 으시댐도 없이, 못 깨치고 아직은 가여운 미망 중생들에게 오로지 그 분들의 행복과 대해탈을 위해 나의 모든 것을 바치고 공양하는 것이 보현행입니다.

그런데 우리는 이런 보현행을 깨치지 않고도 할 수 있습니다. 그것은 '깨친 자가 궁극적으로 하는 행'이 무엇인지 우리가 이미 알았기 때문입니다. 석가모니 부처님이 성불하지 못하셨으면 모르되, 부처님의 성불로 우리는 이미 그 답을 알아버린 것입니다. 그러니 우리는 깨치지 않아도 깨친 자의 행을 알 수 있고 또 할 수 있는 것입니다.

그런데 또 하나 이상한 일이 일어납니다. 그것은, 깨치지 못하고 단순히 깨친 이의 행을 모르는 상태에서 할 뿐인데도, 우리도 모르게 깨달음이 언제부터인지 내 가슴에 오기 시작하는 것입니다. 까맣게 어둡던 내 마음의 밤하늘에, 언제부터인지 모르게 마음의 밝은 날이 드높이 둥그렇게 떠오르기 시작합니다. 그리하여 깨닫지 못하던 어리석고 불완전하던 나의 수행이, 나도 모르는 사이 깨달은 이의 각행(覺行)으로 변하며 온전히 탈바꿈하게 됩니다. 큰바위 얼굴을 그리던 어어니스트가 자신도 모르게 큰바위 얼굴이 되어 가듯 말입니다.

이것이 보현행이요, 또한 보현행원의 공덕입니다.

청량사 밝은 달

제가 도반들과 함께 봉화 청량사를 처음 찾은 것은 의과 대학 졸업반인 79년 가을로 생각됩니다. 어려웠던 6년의 공부가 끝날 무렵이라 기념으로 추석 연휴를 이용해 가을 여행을 같이 간 것이지요.

지금처럼 가을빛 익어가는 산하의 아름다움에 감탄하며 포장도 안 된 길을 덜컹거리는 버스로 달려 도착한 청량사는, 낡은 법당과 쓰러질 듯한 요사채 한 채가 전부인 퇴락해 가던 이름없는 사찰이었습니다.

청량사에는 그 당시 늙으신 비구니스님 한 분과 여자 아이 한 명이 있었던 것으로 기억되는데, 노 비구니스님은 첩첩산골을 찾아 온 젊은 불자들이 기특하게 보였는지 청량사에서 하룻밤을 묵게 해 주셨습니다.

깊은 산엔 해가 일찍 지는 법(그 때만 해도 전기도 없었던 것으로 기억됩니다) 앞 산의 윤곽마저 잡을 수 없을 정도로 깜깜해진 절에서 할 일없이 노닥거리다 일찍 잠이 든 것 같습니다.

그런데 절에서 잠만 잘 수 없다는 생각이 든 것인지, 아니면 젊은 나이에 호승심 탓인지 좌우간 새벽녘에 잠이 깼습니다. 어렴풋한 창문을 열고 밖을 나가니, 아! 구름 한 점 없는 가을 밤 하늘에 달이 둥그렇게 떠 있었습니다.

보름달이었는지 아닌지는 기억이 확실치 않으나 자는 동안 어느새 밤하늘에 그렇게 달이 휘그러이 떠올랐던 것입니다. 어둡던 청량사 산 일대가 일거에 밝아지는데, 안 보이던 봉우리가 보이는 것은 물론 저 멀리 산들 역시 첩첩이 보이는 것이었습니다. 밤 하늘 높이 떠 온 누리 밝히던 그 달! 그리고 그 밝은 모습! 그것은 이십 여 년이 지난 지금에도 가슴에 남아 있는 장관입니다.

해가 아니고 달이어서 저 산 구석구석까지 뭐가 있는시 보이지는 않지만, 그리고 개울에 물 먹으러 온 저 축생이 토끼인지 너구리인지는 알지 못하지만, 산이 있구나, 축생이 물 먹으러 왔구나, 하는 정도는 충분히 알 수 있었지요.

그 후 부처님 공부를 하면서 깨달음에 관한 생각이 들 때마다 청량산 밝은 달이 생각납니다. 깨달음이 오는 모습도 이와 같지 않은가 하고 말입니다. 삼독과 무명에 덮여 사는 지금은 한 치 앞도 보이지 않는 깜깜한 어둠이지만, 마음의 밝은 달이 떠오르기 시작하면 그 깊던 산골이

뿌옇게 밝아 오듯 그렇게 밝아 오는 것은 아닌지… 그리고 마음의 밝은 달이 높이 떠올라 삼계의 밤하늘을 비추일 때면, 청량사 산하가 그렇게 환히 빛을 발하듯 마음의 밤하늘도 그렇게 밝게 개어 가는 것은 아닌지…

구산 큰스님은 '조계산 달 따가거라!' 라고 사자후를 설하셨지만, 그리고 저는 어리고 어리석어 조계산 달은 따지 못했지만, 젊은 날의 청량산 밝은 달은 지금도 제 가슴에 깊은 감동으로 남아 있습니다.

그리운 부처님

　바람은 서늘하고 달은 가을로 변해 갑니다. 시원한 여름 달이 멀기만 한 가을달로 변해 갈 때면 부처님은 그리움으로 제게 다가오신답니다.

　가을은 늘 그리움의 계절인가 봅니다. 시인이 아니라도 시를 읊지 않을 수 없고, 가수가 아니라도 별들이 지나가는 가을 밤하늘을 바라보고 있노라면 노래를 부르지 않을 수가 없습니다. 깨달음은 아직도 요원한데 달 밝은 하늘 저 멀리 그저 그립고 또 그립기만한 부처님! 정녕 부처님은 해탈하시어 저 우주 깊은 곳에 법신불로 지금쯤 저희를 지켜 보고 계시는지요…

　부처님은 제게는 늘 멀기만 하신 분이었습니다. 철이 없을 때는 부처님과 같이 놀아도(?) 아무런 부담이 없었건만, 그저 재밌기만 하고 다정하시기만 하셨건만 세월이 흐르면서 부처님은 어찌 그리 멀기만 하신 분인지… 때로는 이제는 조금 가까이 다가갔나 보다 하고 안도하여 다시 보면, 부처님은 언제나 제가 온 것보다 훨씬 더 멀리 물러서 저만치에 계시지요. 가까이 가면 갈수록 성큼 더 멀리 계시는 부처님. 지금도 부처님은 진한 목메임으로 제게 다가오십니다.

오실 듯 하면서도 오시지 않는 부처님! 얼마나 많은 눈물을 흘리고 얼마나 많은 노래를 불러야 오실 것인지, 소식도 약속도 없으신 부처님이 어떨 때는 무정하고 야속하기도 합니다.

그렇게 오시지 않는 부처님께 제가 할 수 있는 일이래야 그저 부처님을 그리고 또 그리는 것뿐, 어리석은 저는 그 외에는 방법을 알지 못합니다. 부처님을 오시게 할 방법도, 부처님께 갈 방법도 말입니다. 그저 부처님 이름을 부르고 또 부르고, 제 사모하는 마음 바치고 또 바칠 뿐입니다. 이 보잘 것 없는 저의 그리움이 이제서야 겨우 부처님의 사랑에 눈을 뜬 제가 할 수 있는, 부끄럽지만 거의 유일한 일입니다.

부처님이 제 노래를 들으시고 안 들으시고는 저는 아무 상관 없습니다. 설사 부처님이 오시지 않더라도 또한 저는 전혀 상관 않겠습니다. 저는 부처님이 오시지 않더라도, 부처님이 듣지 않으시더라도 저의 노래, 저의 그리움을 바치는 것을 멈추지 않을 것입니다.

그것은 저의 노래, 저의 그리움은 저를 위한 것이 아니
라 부처님을 위한 것이기 때문입니다. 부처님이 계시는
한, 그리고 행여나 제 노래 하나에라도 기뻐하시는 한 저
의 노래는 다함이 없을 것입니다.

애타도록 그립고 또 그리우며, 오실 듯 오실 듯하며 오
시지 않는 부처님! 가을 달 밝은 이 밤에 사모의 마음 바
칩니다.

세간 속에서 해탈 이루리

초판발행 2001년 10월 10일
초판3쇄 2006년 6월 5일

저 자 이종린
펴낸이 박인출((慧潭至常))

펴낸곳 불광출판사
138 · 844 서울시 송파구 석촌동 160-1

등록번호 제1-183호(1979. 10. 10)

대표전화 420-3200
편 집 부 420-3300
팩스밀리 420-3400

ISBN 89-7479-855-7
www.bulkwang.org

값 5,000원

이종린 원장의 다른 글을 더 보시고 싶은 분은, 불광 홈페이지 (http://www.bulkwang.org)에 오셔서 메뉴 중에 월간 '불광' 을 택하시면 불광 글밭의 컬럼 난 '성불의 길 보살의 길' 을 보실 수 있습니다.